LOS AMORES DE NERUDA

LOS AMORES DE NERUDA

Inés María Cardone

PLAZA JANÉS

Los amores de Neruda

Monjitas 392, of. 1101, Santiago Centro
Teléfono: 782 8200 / Fax: 782 8210
e-mail: editorial@randomhousemondadori.cl
www.randomhousemondadori.cl

ISBN: 956-8352-02-3
Registro de Propiedad Intelectual: 139.576
Diseño de cubierta: Carola Undurraga
Diagramación: Gloria Barrios
Impresión: Imprenta Salesianos S.A.

A mi madre, a mi hija y a mis nietas

Índice

De la mano del amor

Neruda no podía vivir sin el amor. Necesitaba estar permanentemente enamorado, de lo contrario, no había inspiración. No sólo para la poesía amorosa; también necesitaba estar al lado de la mujer amada para combatir políticamente, para descubrir su *Canto General* por Chile y América, para defender a *España en el corazón*, para observar el mar que llega y se va, para escribir las múltiples odas a todo lo que le rodeaba.

Por eso, de la mano del amor fuimos conociendo al protagonista de versos que, en distintos idiomas, siguen dando la vuelta al mundo.

Penetramos en la vida íntima del poeta a través de las grandes musas que lo inspiraron y amaron a lo largo de su vida: Albertina Azócar, Delia del Carril (La Hormiguita) y Matilde Urrutia.

Tuvimos la maravillosa oportunidad de entrevistarlas en la intimidad; de conocer, a partir de una mirada de mujer, cómo amaba este genio de la literatura universal.

La motivación de realizar este libro surgió en 1982. Habían transcurrido nueve años desde el golpe militar y los temas políticos estaban censurados. Había poca libertad de prensa y un poeta comunista como Neruda no tenía cabida en el escenario cultural del país. No se editaban sus libros. No se hacían mesas redondas acerca de su obra. No había artículos de prensa sobre él, y las librerías eran un triste reflejo de esa realidad: en los anaqueles se encontraban muy pocos ejemplares de sus libros. Era necesario un remezón para despertar del letargo. Ello sucedió cuando partí a Madrid y Barcelona en una breve gira turística. Estando allá me llamó la atención la cantidad de textos de Neruda que publicaban renombradas casas editoriales. La admiración de los españoles se reflejaba en permanentes talleres y foros, y en la venta masiva de sus creaciones.

Mientras Neruda se engrandecía en el extranjero, se minimizaba en nuestro país.

En ese contexto nació la idea de realizar una serie de publicaciones en el diario *La Tercera*, a través del suplemento dominical "Buen Domingo". En poco tiempo reunimos un equipo de investigación periodística y nos lanzamos a traer a Neruda del olvido. Durante varios meses nos sumergimos en esa causa. Una quijotada, tal vez, pero muy gratificante. Para trabajar, nos distribuimos los temas: sus amores, sus casas, su vida política, sus colecciones y libros. Sus amigos y enemigos. Su Premio Nobel y su muerte.

Gracias al apoyo de un medio de comunicación masivo llegamos a todos los rincones de Chile, hicimos decenas de entrevistas, recolectamos documentos, cartas y fotografías hasta entonces inéditas. Se cumplió el objetivo de rescatar a Neruda del anonimato y darlo a conocer en una nueva dimensión. La serie se denominó "Recordando a Neruda" y fue publicada durante casi tres meses entre el 12 de julio de 1982 —nacimiento del poeta— y el 23 de septiembre, en el noveno aniversario de su muerte.

Recibimos muchas cartas de apoyo de intelectuales y de gente anónima. Uno de los aspectos que más emociones despertó fueron los capítulos dedicados a las mujeres que amó Neruda. De hecho, la serie se inició con una entrevista exclusiva a Matilde Urrutia, quien abrió por primera vez —desde la muerte de Neruda— su casa de Isla Negra.

No fue fácil llegar a ella, una mujer desconfiada y distante. Para concertar la entrevista intentamos comunicarnos durante varias semanas, pero su respuesta era siempre un "veremos más adelante". Matilde, obviamente, no estaba contenta con la situación política del país. Tenía motivos de sobra. Un sobrino suyo fue detenido y luego desapareció, y la casa de Isla Negra, como todas las propiedades del poeta, fue confiscada por el gobierno militar, pasando a depender del Ministerio de Bienes Nacionales. Matilde podía hacer uso de ellas mientras estuviera viva pero ya no era su dueña. El dolor por la muerte de Pablo, a once días del golpe militar, junto con el allanamiento a La Chascona y La Sebastiana, pasaron a ser recuerdos traumáticos para la viuda del vate. Su actitud era comprensible, pero nuestra insistencia pudo más que el rechazo en sus inicios.

Finalmente, Matilde nos recibió en la casa de Isla Negra un frío día de invierno. Se veía algo incómoda, pero estaba dispuesta a dar su testimonio para honrar la memoria de Pablo. El tiempo pasó volando y acordamos un nuevo encuentro. Para la segunda entrevista nos recibió en La Chascona con una sorpresa. Había decidido mostrarnos su más preciado tesoro: los originales de *Los versos del Capitán*. De una caja de madera fue extrayendo papeles, servilletas y pequeñas hojas de block donde Pablo le escribió sus más apasionados versos de amor. Los fue leyendo uno a uno, reconociendo que era ése —donde Pablo era el Capitán y ella, Rosario de la Cerda— su libro más querido. En sus páginas había quedado inmortalizada una larga historia de amor clandestino que ella disfrutó durante casi siete años.

Esa segunda conversación se dio en un tono relajado y distendido, completamente distinto a la primera. El esfuerzo iba dando resultados y las publicaciones en *La Tercera* cosechaban aplausos. Habíamos logrado una parte importarte de nuestro objetivo. Quedarían aún otras dos mujeres claves en la vida del poeta: Delia del Carril, La Hormiguita, y Albertina Azócar. Con esta última el acercamiento fue más fácil. A pesar de su timidez y poca locuacidad, realizamos tres entrevistas muy reveladoras. Tal como Matilde, en la última decidió mostrarnos los originales de las 111 cartas de amor entre Pablo y ella, y varios poemas que formaron parte del libro más famoso de Neruda: *Veinte poemas de amor y una canción desesperada*, del que fue una de sus musas, que ha llegado a vender más de siete millones de ejemplares en el mundo, lo que en poesía representa una cifra importante.

Quizá la más emotiva entrevista fue la realizada a Delia del Carril. Tenía 98 años y su dulzura nos conquistó. Era una mujer fina y exquisita, que en su frágil memoria todavía recordaba a Pablo como si estuviese vivo. Siempre sonrió, nunca puso objeción alguna a las preguntas o a las fotos y su coquetería estuvo permanentemente presente, como en sus mejores tiempos. Los 20 años de edad que la separaban del poeta no fueron obstáculo para una madura convivencia que se inició en Madrid, en los meses previos a la Guerra Civil Española.

Tres mujeres. Tres inspiraciones diferentes. Tres musas de las muchas que tuvo el poeta enamorado.

No hay duda de que la inspiración le surgía a partir del amor, en especial cuando no era correspondido, y estaba plagado de situaciones no resueltas. Entre las dudas y los temores iba creciendo su imaginación. También se desesperaba cuando no recibía respuestas. Mientras más enmarañado estaba su corazón, más fluía su creatividad. Quedó bien demostrado en su obra. En el Poema 18, le dice a Marisombra (Albertina Azócar): *Amo lo que no tengo. Estás tú tan distante.**

Y a Marisol (Teresa Vásquez), lleno de melancolía, le escribe el último de los *Veinte poemas*: *Puedo escribir los versos más tristes esta noche./ Yo la quise, y a veces ella también me quiso.*

Con Matilde Urrutia la historia no es distinta; las penas de amor también están presentes:

Qué tienes, qué tenemos,
qué nos pasa?
Ay, nuestro amor es una cuerda dura
Que nos amarra hiriéndonos

(De "El amor", en *Los versos del Capitán*)

Los encuentros con estas mujeres nos hicieron entrar poco a poco en la vida y obra de Neruda.

Así nació mi entusiasmo por el poeta. Veintidós años después, en víspera de las celebraciones del centenario de su nacimiento, estas vivencias y el recorrido por su vida amorosa nos llevaron a realizar este libro. Pese al tiempo transcurrido, vuelvo a comprobar que todavía existen historias que contar

* Todas las citas que aparecen a lo largo del libro han sido extraídas de la Biblioteca Pablo Neruda, editada por Debolsillo entre los años 2003 y 2004. (N. del E.)

sobre el poeta, aún existen recuerdos que nadie conoce, vivencias que permanecen en la memoria de distintas personas, algunas todavía reacias a compartirlas.

Si después de leerlo queda alguna semilla en un alma sensible, quedará profundamente logrado mi objetivo, que no es otro que dar a conocer el aspecto humano de un genio universal.

Las mujeres que lo amaron intensamente están aquí, en estas páginas. Nadie mejor que ellas para descubrir la genialidad de nuestro premio Nobel.

I.M.C.

I

Los inicios de su vida afectiva

Neruda nació en el seno de una familia bien constituida, pero su llegada a la vida estuvo rodeada de hechos trágicos y difíciles. Su madre, Rosa Neftalí Basoalto Opazo, dio a luz a su hijo Ricardo Neftalí Reyes Basoalto el 12 de julio de 1904, pero no resistió los embates de la tuberculosis que la debilitaba desde hacía meses. Murió el 14 de septiembre, sólo dos meses después del parto. Esta docente, que trabajaba en la Escuela Superior de Niñas de Parral, fue madre cuando se encontraba en mal estado de salud y, además, luego de cumplir 39 años de edad, es decir, siendo bastante mayor para una época en que las mujeres se casaban en plena adolescencia.

Cuando nací mi madre se moría/ con una santidad de ánima en pena, escribe Neruda en el primer poema dedicado a ella ("Luna"). En el segundo, le dice: *Madre mía, he llegado tarde para besarte...* ("Humildes versos para que descanse mi madre").

Al morir Rosa, su padre, don José del Carmen Reyes, lo envió al campo Belén, a la casa del abuelo paterno, José Ángel Reyes, y de su abuelastra, doña Encarnación Parada, quien buscó una nodriza con leche abundante para alimentarlo. El niño, huérfano de madre —dice Volodia Teitelboim en su libro *Neruda*—, creció bien, aunque algo esmirriado. El biógrafo del poeta cuenta que Neruda, convertido ya en una celebridad en todo el mundo, regresó a su tierra para indagar sobre su madre. En Parral interrogó a antiguos vecinos y familiares. Quería saber de las costumbres y preferencias de doña Rosa para construir una imagen que no tenía en su memoria. Una fotografía desgastada por el paso del tiempo se detuvo en sus manos. Era el único testimonio de su pasado y le agradó averiguar que su madre adoraba leer, algo poco común en las mujeres de esa época. Reconoció sus orígenes y su heredada pasión por la poesía.

> Era una señora vestida de negro, delgada y pensativa.
> Me han dicho que escribía versos, pero nunca he visto
> nada de ella, sino aquel hermoso retrato (...)
> Sin que yo la recuerde, sin saber que la miré con mis
> ojos, murió mi madre, doña Rosa Basoalto.

Sólo once meses alcanzó a estar casada con don José del Carmen Reyes, un hombre rudo y fuerte a quien todos temían por su mal carácter. Lo que le faltaba en recursos económicos, le sobraba en orgullo.

> Salió muy joven de las tierras paternas y trabajó de obrero en los diques del puerto de Talcahuano, terminando como ferroviario en Temuco.

Según Margarita Aguirre, biógrafa y secretaria de Neruda, "era un caballero bajo de estatura, de bigotes y perita blanca. Ojos azules, la misma risa de Pablo. (...) Ejerció gran influencia sobre Neruda, quien tuvo que recurrir a toda su energía para luchar contra esa personalidad dura, vigorosa (...) No era partidario de que escribiera, y éste sólo a escondidas pudo continuar su carrera de poeta; por eso, para eludir reprimendas paternas, escogió un seudónimo".

Sus primeras poesías le costaron azotes. Sin embargo, los castigos no le impidieron llegar adonde se propuso, comentó Glasfira Mason de Reyes, tía de Neruda, a Margarita Aguirre.

Bernardo Reyes, sobrino nieto del poeta, asegura que hubo violencia intrafamiliar en casa de don José, quien era un hombre que castigaba. Nadie podría decir a ciencia cierta si ejerció violencia física sobre Neruda, pero psicológica, sin duda.

El padre brusco vuelve
de sus trenes:
reconocimos
en la noche
el pito
de la locomotora
perforando la lluvia
con un aullido errante,
un lamento nocturno,
y luego
la puerta que temblaba

(De "El padre", en *Memorial de Isla Negra*)

De todos sus trabajos, el que realmente le gustó a don José fue el de conductor de trenes lastreros, esos que transportaban ripio o gravilla para la mantención de los durmientes. Viajó mucho, y dicen que incluso llegó a Argentina, pero le atraía más el sur, su tierra de bosques y lluvias donde dos años después de enviudar de su primera esposa, se casó con Trinidad Candia Malverde. Entonces comenzó una historia digna de un libro como *Pablo Neruda, retrato de familia, 1904-1920*, que escribió Bernardo Reyes.

No le fue fácil a Bernardo indagar sobre su familia; sin embargo, en esas páginas consiguió revelar aspectos desconocidos. La vida del padre de Neruda y de su madrastra es un clásico ejemplo de esos secretos que antiguamente se guardaban celosamente en las casas de campo. "Tuve que investigar con cuidado para no ofender a los integrantes de la familia que aún vivían", asegura Bernardo. "Me llama la atención que a ningún biógrafo le sorprenda que don José del Carmen Reyes aparezca en Temuco con una guagua de dos años y justo a la vuelta de la esquina encuentre una esposa. A mí me pareció un absurdo. La realidad fue bien distinta: don José del Carmen llegó a consolidar un hogar que ya tenía. ¿Y con quién lo hace? Con Trinidad Candia, quien había engendrado un hijo ilegítimo diez años antes. Ese hijo, Rodolfo Reyes, era mi abuelo."

"Todo era bastante delicado pero no lo suficiente como para hablar de matrimonio", comenta Bernardo. "La peor parte se la llevó Trinidad, quien tuvo que aceptar que el nacimiento de su hijo ocurriera lejos de Temuco para no propiciar habladurías."

En la primavera de 1895 nació Rodolfo Reyes Candia. Pero había más secretos, porque tanto don José como Doña Trinidad tuvieron otros hijos ilegítimos. En el caso de Trinidad, un niño que nació durante el alejamiento de don José, aunque el asunto se mantuvo en el más absoluto sigilo. Muchos años después se supo que el padre de ese niño era Rudecindo Ortega, un inquilino que trabajaba para Carlos Mason y su señora Micaela Candia, hermana de Trinidad. La historia da para muchos supuestos. No se sabe si fue una aventura, un percance en noches de invierno o un breve romance. Bernardo Reyes revela que el niño, al no ser merecedor de ese destino, fue adoptado por Mason y quedó inscrito como hijo suyo y de su esposa, y no de Trinidad. Curiosamente, por esos dobleces del destino, ese joven —Orlando Mason— resultó ser un intelectual brillante que se destacó como poeta, entre otras cosas. Creó el primer diario de Temuco, *La Mañana*, donde Neruda publicó a los 13 años su primer artículo. Fue todo un modelo para el joven Ricardo Neftalí, que admiraba a este "hermanastro político" no sólo por su calidad de poeta sino por su marcada sensibilidad social.

Complicado resulta así el árbol genealógico de don José del Carmen Reyes y la descendencia de doña Trinidad Candia Malverde. El temible don José tuvo tres hijos con tres mujeres diferentes. Rodolfo (1895) con Trinidad Candia; Ricardo Neftalí —Neruda— (1904) con Rosa Neftalí Basoalto y Laurita (1907) con doña Aurelia Tolrá, una catalana dueña de una pensión en Talcahuano que terminó enamorándose del asiduo visitante.

De los tres hermanos Reyes, quizá Neruda fue el que menos sufrió los rigores del abandono. Laura, a juicio del erudito Hernán Loyola, fue siempre una mujer triste, y junto con Rodolfo tuvieron mucho que perder. A Rodolfo lo trasladaron a un pueblo del sur donde lo cuidó una señora llamada Ester. Desde pequeño se crió lejos de su madre, sin ningún cariño, y algo similar sucedió con Laura, lo que deja al descubierto la falta total de sensibilidad del autoritario don José.

El niño Ricardo Neftalí, ajeno a todo este drama familiar, creció bajo el alero de Trinidad Candia Malverde, una mujer buena y tierna a la que él jamás llamó madrastra. Prefirió denominarla "mamadre" en agradecimiento a sus cuidados.

> Me parece increíble tener que dar este nombre al ángel tutelar de mi infancia. Era diligente y dulce, tenía sentido del humor campesino... Apenas llegaba mi padre, ella se transformaba sólo en una sombra suave como todas las mujeres de entonces

Bernardo Reyes dice que nunca encontró algo escrito por Trinidad y tiene la sospecha de que incluso pudo haber sido analfabeta. "Era un ser tan silenciado, tan inmensamente opacado, que su única expresión de comunicación fue la ternura, su arma de defensa en la vida. Neruda entendió eso claramente y gracias a esa mujer, él forjó todos sus afectos."

Según el análisis de Loyola, Neruda tuvo hacia su padre un sentimiento ambiguo, de amor y odio, lo que en una interpretación freudiana revela un temor reprimido, una rebelión dominada en la misma medida por el miedo y el deseo de aprobación. El niño creció con dificultad para arraigarse, pero es el silencio de la mamadre lo que le permite quererla como si fuera la verdadera.

El psicólogo y profesor de filosofía, Luis Rubilar, escribió un extenso libro titulado *Psicobiografía de Neruda*, donde plantea que el poeta fue un "deprivado materno". Su madre no pudo amamantarlo y en los dos meses que alcanzó a vivir no pudo tocarlo, hacerle caricias, nada. Por eso es que, psicoanalíticamente hablando, Neruda pasó su vida buscando lo que no tuvo en su niñez. Esto explicaría sus relaciones afectivas, sexuales, su búsqueda continua.

¿Habría un Neruda sin una madre tuberculosa? En una entrevista publicada en la revista "De Mujer a Mujer" del diario *La Tercera* (agosto de 2002), Rubilar dice tajantemente que no. "Lo mío —comenta— no es una biografía de relatos sino una interpretación psicocrítica, no solamente de la obra sino de lo que llamo vida-poesía." Y, a partir de ella, la investigación revela que Neruda tenía una fantasía de muerte permanente, y su gran meta inconsciente era llegar a fundirse con el ser de su madre. Se vestía siempre de negro, argumenta el autor, y usaba la capa de su padre.

> Le decían "el murciélago", pero él en realidad estaba guardando luto por su madre (...) En su obra muchas veces tiene momentos de regresión en que la confusión es claramente con la figura materna. Lo dice cuando escribe a Matilde Urrutia: *y en cuanto a mí no olvides que si despierto y lloro es porque en sueños sólo soy un niño perdido que busca entre las hojas de la noche tus manos, el contacto del trigo que tú me comunicas.*

El análisis del profesor Rubilar dejó a muchos sorprendidos. Dijo, por ejemplo, que los *Veinte poemas de amor* no están dirigidos a Albertina, sino a la figura materna: *Me gustas cuando callas porque estás como ausente/ y me oyes desde lejos y mi voz no te toca.*

Este mensaje, según su análisis psicobiográfico, lo dirige a una muerta, no a una viva. Los símbolos de estos poemas serían de muerte, pérdida, dolor.

Al estudioso psicólogo le llamó la atención el tipo de relaciones que buscó Neruda en sus tres esposas. Con Maruca Hagenaar intentaba resolver un asunto de necesidad sexual. Con Delia del Carril, la figura materna ya no es simbólica sino real. Delia lo educa, lo forma, le enseña las buenas maneras y cómo moverse en la sociedad española. Con Matilde todo es aún más claro y está en textos claves:

Matilde Urrutia,
aquí te dejo lo que tuve y lo que no tuve,
lo que soy y lo que no soy.
Mi amor es un niño que llora,
no quiere salir de tus brazos,
yo te lo dejo para siempre:
eres para mí la más bella.

Interpretaciones puede haber muchas. El hecho real es que Neruda siempre observó y amó. Amó la naturaleza, el bosque, la lluvia, la madera. Se maravilló con insectos, frutos y coleópteros. Y justamente en una de esas fascinaciones por un nido de pájaros cayó en sus primeras sensaciones eróticas:

> Frente a mi casa vivían dos muchachas que de continuo me lanzaban miradas que me ruborizaban (...) Lo que yo tenía de timidez y de silencioso lo tenían ellas de precoces y diabólicas —recuerda en *Confieso que he vivido*—. Tenían en sus manos algo que me fascinaba... un nido de pájaro silvestre... que guardaba en su interior unos maravillosos huevecillos color turquesa. Cuando fui a tomarlo una de ellas me dijo que primero debía hurgar en mis ropas. Temblé de terror y me escabullí rápidamente, perseguido por las jóvenes ninfas... Las asaltantes lograron alcanzarme y comenzaron a despojarme de mis pantalones cuando por el corredor se oyeron los pasos de mi padre. Ahí terminó el nido.

Se iniciaba su despertar, su tórrida adolescencia que lo inspira. Adolescencia que le deparó más de una sorpresa.

Noche en el trigal

En una oportunidad, Neruda fue invitado a una trilla de yeguas. "Era un sitio alto, por las montañas, y quedaba bastante lejos del pueblo", escribe Neruda en *Confieso que he vivido*; pero el viaje resultó mas largo y complicado de lo que pensaba. Llegó la noche y el joven se dio cuenta de que estaba perdido. Al cruzarse con un campesino de "poncho pobre y caballo flaco", le contó su situación. Le quedó claro que ya no llegaría al lugar de destino durante esa jornada.

El campesino le sugirió acercarse donde tres señoras francesas que vivían solas para pedirles alojamiento. Así lo hizo y tuvo que reconocer su angustia: "Me he perdido en la selva. Soy estudiante. Me convidaron a la trilla de los Hernández. Vengo muy cansado... Deseo dormir en cualquier rincón".

Lo acogieron con cariño y las damas que lo escucharon hablar de Baudelaire quedaron bien impresionadas con el joven.

"Pocas veces he comido tan bien. Mis anfitrionas eran maestras de cocina", recuerda en sus memorias. Al día siguiente, un mozo le preparó el caballo y sin despedirse partió al campamento de los Hernández, donde la trilla del trigo se hacía aún a yegua.

"Después del asado, de las guitarras, del cansancio cegador del sol y del trigo, había que arreglárselas para pasar la noche (...) Los muchachos fuimos destinados a dormir en la era."

No imaginó jamás el aventurero poeta que en esta actividad campesina iba a tener una sorpresa que marcaría su vida erótica.

> Me quité la ropa, me envolví en mi poncho y me hundí en la montaña de paja (...) Desperté de pronto porque algo se aproximaba a mí, un cuerpo desconocido

> se movía debajo de la paja (...) Tuve miedo. Ese algo se arrimaba lentamente (...) Tal vez debía levantarme o gritar. Me quedé inmóvil. Oía una respiración muy cercana a mi cabeza.
>
> De pronto avanzó una mano sobre mí (...) Me recorrió la frente, los ojos (...) Luego una boca ávida se pegó a la mía y sentí, a lo largo de todo mi cuerpo, hasta mis pies, un cuerpo de mujer que se apretaba conmigo.

El miedo fue pasando hasta convertirse en un intenso placer. Era una mujer de trenzas que nunca emitió palabra alguna. "Mi mano siguió buscando y toqué dos senos grandes y firmes, una anchas y redondas nalgas (...) y hundí los dedos en un pubis como musgo de montañas."

La idea de hacer el amor en un montón de paja no le resultó cómoda porque ahí mismo dormían otros siete hombres que no podían ser despertados.

> más tarde (...) la desconocida se quedó bruscamente dormida junto a mí y yo, afiebrado por aquella situación, comencé a aterrorizarme. Pronto amanecería, pensaba, y los primeros trabajadores encontrarían a la mujer desnuda en la era (...) Al despertar extendí la mano sobresaltado y sólo encontré un hueco tibio, su tibia ausencia.

Al día siguiente, cuando almorzaron después de la trilla, Neftalí buscaba entre las mujeres para descubrir quién sería su silenciosa compañera.

De repente entró una señora que traía un trozo asado para su marido, uno de los Hernández (...) Al contemplarla yo desde el otro extremo de la mesa creí notar que aquella hermosa mujer de grandes trenzas me miraba con una mirada rápida y me sonreía (...) Y me pareció que esa sonrisa se hacía más grande y más profunda.

2

Amores de juventud

En *Confieso que he vivido*, Neruda cuenta cómo fue creciendo mientras leía a Salgari y cómo descubrió en sí mismo al joven que necesita estar permanentemente enamorado.

> Los primeros amores, los purísimos, se desarrollaban en cartas enviadas a Blanca Wilson. Esta muchacha era la hija del herrero y uno de los muchachos, perdido de amor por ella, me pidió que le escribiera sus cartas de amor. No recuerdo cómo serían estas cartas, pero tal vez fueron mis primeras obras literarias

Un día, la colegiala le preguntó si él era el verdadero autor de las cartas. Con miedo, Neftalí no se atrevió a negarlo.

> Muy turbado le respondí que sí. Entonces me pasó un membrillo que por supuesto no quise comer y guardé

como un tesoro. Desplazado así mi compañero en el corazón de la muchacha, continué escribiéndole a ella interminables cartas de amor y recibiendo membrillos.

A Margarita Aguirre, Neruda le confesó que asistía con frecuencia con su mamadre a la iglesia del Corazón de María. Como no era muy dado a los ritos religiosos, resistía las novenas jugando a ser irreverente.

> En aquella pequeña parroquia comenzaron mis primeros amores. Me parece recordar que se llamaba María, pero no estoy seguro. Pero sí recuerdo que todo aquel confuso primer amor o cosa parecida fue fulgurante, doloroso, lleno de conmociones y tormentos e impregnado por todos los resquicios de un penetrante aroma de lilas conventuales.
>
> *Y a lo lejos campanas, canciones, penas, ansias,*
> *vírgenes que tenían tan dulces pupilas.*
> *Fragancia*
> *de lilas...*

¿Cuál fue la Eva de Temuco que enseñó a Neruda cómo nace el amor? En *Estravagario* parece encontrarse la clave. Margarita Aguirre dice que Neruda "tenía catorce años y era orgullosamente oscuro, delgado, ceñido y fruncido... De pronto, apareció un relámpago llamado Guillermina".

> *Dónde estará la Guillermina?*
>
> *Cuando mi hermana la invitó*
> *y yo salí a abrirle la puerta,*

entró el sol, entraron estrellas,
entraron dos trenzas de trigo
y dos ojos interminables.

(De "La Guillermina", en *Estravagario*)

El escritor Alfonso Calderón asegura que los dos "relámpagos azules" lo clavaron como espadas "contra los muros del invierno" de Temuco, en el lejano 1918. Sus amores de juventud eran fulminantes, apasionados. Entre ellos nació su poesía. El mismo poeta lo dice en *Memorial de Isla Negra*:

Amores de una vez, rápidos
y sedientos, llave a llave,
y aquel orgullo de ser compartidos!
Pienso que se fundó mi poesía
no sólo en soledad sino en un cuerpo
y en otro cuerpo, a plena piel de luna
y con todos los besos de la tierra.

(De "Amores: la ciudad")

La alegre Teresa

Puerto Saavedra, al parecer, tenía magia para inspirar el amor. Así lo demuestran dos grandes pasiones que tuvo en su juventud Neftalí Reyes con las sureñas Teresa Vásquez y María Parodi.

Encuentros parecidos. El mismo escenario de mar, crepúsculos y gaviotas. Aunque con Teresa hubo más pasión, más desesperanza y por algo nacieron los versos más tristes del "Poema 20" y la "Canción desesperada", según investigación hecha por Volodia Teitelboim y Eulogio Suárez.

Puedo escribir los versos más tristes esta noche.
Yo la quise, y a veces ella también me quiso.
(...)
Puedo escribir los versos más tristes esta noche.
Pensar que no la tengo. Sentir que la he perdido.
(...)
De otro. Será de otro. Como antes de mis besos.
Su voz, su cuerpo claro. Sus ojos infinitos.

Ya no la quiero, es cierto, pero tal vez la quiero.
Es tan corto el amor, y es tan largo el olvido.

(De "Poema 20")

Las dos, Teresa y María, hermosas y coquetas, alegres y románticas. Se la jugaron por el amor. Se arriesgaron a un fracaso, pero amaron intensamente. Tal vez no fueron muy felices, pero, ¿quién puede serlo siempre a lo largo de la vida?

Valientes. En una sociedad reprimida, no era fácil amar a un poeta tímido y de escasos recursos, especialmente si las musas pertenecían a ricas familias sureñas y la familia Reyes estaba fuera de ese círculo social, lo que constituía un grave escollo.

En el caso de Teresa Vásquez —a quien Neruda llama Terusa en sus poemas—, el peso de las tradiciones sociales decididamente jugó en contra de ese amor. Ella pertenecía a la alta sociedad de Temuco y se apellidaba verdaderamente León Bettiens. La razón para que no usara su primer apellido se debía a esos ajustes a los que antes se acudía para evitar diferencias en los hijos cuando había casamientos en segundas nupcias.

Su padre, el español Adolfo León, se había casado con Rosa Bettiens y tuvieron muchos hijos, aunque sobrevivieron sólo dos. Rosa y su hermano Adolfo. Según cuenta Rosa León Müller, sobrina de Teresa Vásquez, Adolfo padre abandonó a su familia por una vedette y se fue con ella a Perú. "Dejó a mi abuela de brazos cruzados, pero ella no tardó mucho en casarse con un representante de una casa inglesa que importaba telas y así rehizo su vida con José Vasquez." Fue ese apellido el que adoptó informalmente la joven Teresa para evadir críticas de la sociedad.

Neruda y Teresa se conocieron en Temuco. Ella fue elegida reina de la Fiesta de la Primavera y en una velada bufa, Neftalí salió vestido de Pierrot y ella de Colombina. En el teatro Tepper le recitó el "Poema 20". La joven estaba muy ilusionada y siempre lo esperó luego de su traslado a la capital. Según Enrique Lafourcade en *Neruda en el país de las maravillas*, él le siguió escribiendo cartas de amor aún después de haberse casado.

En *Memorial de Isla Negra* la recuerda así:

Terusa de ojos anchos,
a la luna
o al sol de invierno, cuando
las provincias
reciben el dolor, la alevosía
del olvido inmenso
y tú brillas

(De "Amores: Terusa I")

También en *Memorial* hay un poema que titula sólo con una fecha: "1921". En él hace alusión a Terusa en su rol de musa inspiradora de *Veinte poemas de amor y una canción desesperada*.

germina el nuevo libro,
20 poemas de sabor salado
como veinte olas de mujer y mar,
y entre el viaje de vuelta a la provincia
con el gran río de Puerto Saavedra

Rosa León Müller nos reveló, en la entrevista que transcribo, los pormenores de este primer y gran amor de Neruda. Ella, junto a su hermano Adolfo, son los únicos parientes que le sobreviven y fue Rosa la más cercana a Teresa. "Viví en Temuco y en Santiago muy cercana a mi tía. Yo era una verdadera hija 'adoptada', ya que ella nunca pudo ser madre. Me quería mucho."

¿Cuándo se casó Teresa? Tardíamente, a los 45 años. Siempre fue un misterio el porqué. Presumo que amó tanto al poeta que, a pesar de tener múltiples pretendientes, nunca quiso casarse. Pienso que fue por ese amor, que le dejó huellas muy profundas. Tengo la sensación de que ellos se siguieron comunicando, porque es extraño que no se fijara en nadie más. Debe haber guardado muchas cartas. Poco antes de casarse me dijo: "Yo iniciaré una nueva vida. Por eso quemé todo y guardé este álbum de recuerdos que es lo único que conservo de Pablo".

¿Cómo era ese álbum? Estaba forrado en cuero con hojas de cartulina gruesa, en tonos rosa, celeste y verde agua. Estaba todo escrito por él y eran unos versos bien cortitos. Todo parecía como redactado por un hombre y no por un jovencito. En una parte decía: "Caminé por la arena y escribí tu nombre y el mío: Paolo y Teresa".

¿Alguno de los 20 poemas? No. Eran otros.

¿Y por qué no lo conserva usted? Desapareció. Un día un profesor de castellano de Temuco me lo pidió prestado y nunca más me lo devolvió.

¿Qué le contó ella de este amor? Que se encontraban a escondidas siempre en Puerto Saavedra. Pablo la iba a ver pero era muy tímido e introvertido, a diferencia de ella, que era tan alegre. Usaba capa y sombrero y por eso mi abuela le puso El Jote. Un día le pregunté a ella por qué impidió que se desarrollara ese amor. "Mira —me dijo—, qué iba a hacer ese pájaro con mi hija. Los dos se habrían muerto de hambre." Los padres se impusieron y después dejaron de verse porque Pablo se vino a Santiago.

Un hecho importante —dice Rosa— fue la amistad permanente de Teresa con Laurita Reyes, la hermana de Pablo. Siempre se veían, y cuando él se trasladó a vivir a Santiago conversaban mucho. Así, Teresa se mantenía informada de todo lo que ocurría en la vida del poeta. Sabía de sus matrimonios, de sus éxitos... aunque nunca comentó nada.

¿Le contó alguna vez por qué no se quería casar? Nunca lo conversamos. Ella se casó cuando yo tenía siete años.

¿Cómo era realmente Teresa? Era una mujer muy alegre y linda. De ojos y cabellos negros. Excepcional como persona. La recuerdo como si fuera una castañuela. Recitaba, cantaba. Tenía sangre andaluza.

El acto simbólico de regalarle el álbum secreto tenía su razón. Teresa, al casarse, quería romper con su pasado. Un pasado que tardó 25 años en borrarse hasta que conoció al que sería su marido: un profesor de Freire, Galvarino Colima Lobos, 20 años menor que ella. Según Rosa, no se notaba la diferencia. Ella tenía un cutis muy terso y a los 45 se veía muy joven. Como era pretenciosa, le preparaban una leche especial para su cara. No tenía marcas a pesar de las pestes que sufrió, como varicela y otras.

¿Pudo ser feliz? Pienso que sí. Su marido la quiso muchísimo. La regaloneó y estaba siempre pendiente de ella. Él la cuidaba como a una muñeca. Ella nació para estar en un salón y ser atendida. Era una dama aristocrática.

¿Trabajó alguna vez? Sí, cuando murió su padre, los bienes se terminaron y los lujos también. Entonces decidió poner una academia de corte y confección y enseñaba en su propia casa.

En su vejez, al enfermar, Rosa la llevó a vivir con ella. Murió de cáncer, en sus brazos, un año antes que Neruda, el 24 de febrero de 1972. Tenía alrededor de 75 años de edad.

Álbum Terusa

El perdido "Álbum Terusa 1923", único recuerdo que conservó Teresa Vázquez de su romance, llegó a manos del investigador nerudiano Hernán Loyola. Según él, en deficiente estado de conservación. Aunque no quiso revelar en qué circunstancias lo encontró, sí es un hecho que fue publicado en los *Anales de la Universidad de Chile* Nº 157160, enero-diciembre 1971, en un homenaje a Neruda por la obtención del Premio Nobel.

El joven poeta escribió en Puerto Saavedra, durante el verano de 1923, algunos testimonios de su amor por esta joven, la misma que fuera inspiradora de los más célebres entre los *Veinte poemas de amor* y también de "La canción desesperada".

En el "Álbum Terusa 1923" aparecen cinco textos en prosa como "Aquel bote salvavidas", "Pudo esta página", "Carta a un desconocido", "Hoy al atardecer" y "Paolo y Teresa".

En "Aquel bote salvavidas" le dice: Mujer, en esos momentos te amo sin amarte. En ti no pienso porque en nadie se detiene mi pensamiento… pero tu amor descansa más adentro y más allá de mí mismo…

Según Volodia Teitelboim, en "Pudo esta página" se manifiesta el temor al embarazo, que resulta paralizante. Así lo refleja:

> El deseo sube como una ola sobre el horizonte de nuestra vida. Y muere como una ola. Ése es el drama... No alcanzar, no encontrar, no saciar el ansia innumerable: ¿es ésta pues la fuente de la felicidad?

Para esconder la relación, Neruda se autodenomina Paolo. Es el comienzo, dice Volodia, del camino al seudónimo definitivo. Lo toma del italiano y el agente intermediario se llama D'Annunzio.

> *Y al irme, he dejado escrito tu nombre, y mi nombre en la arena mojada.*
> *Era un letrero grande, ancho, así:*
> *PAOLO*
> *TERESA*

Y hace una advertencia: el letrero grabado en las playas de Puerto Saavedra "era más bonito que éste".

Hay otro poema, que titula "Ella fue tierra de camino", donde le dice: *En la hora del beso fuimos/ cada uno boca y racimo.*

Otro de los poemas destacados en el "Álbum Terusa", es "Cuando recuerdo que tienes que morirte":

Cuando recuerdo que tienes que morirte
me dan deseos de no irme nunca,
de quedarme siempre!
Por qué vas a morirte?

En "Puerto fluvial" aparece su pesimismo: *Mi vida vale mucho menos/ que el ala gris de una gaviota!* En "Amiga, no te mueras", pide que lo escuchen: *Óyeme estas palabras, que me salen ardiendo/ y que nadie diría si yo no las dijera./ Amiga, no te mueras!*

Cartas de Pablo a Terusa

En el "Álbum Terusa 1923" hay una serie de cartas que Pablo envió a Teresa a lo largo de varios años. Ya no son textos manuscritos, comenta Loyola; seguramente la propia Terusa copió, sin orden, cartas y mensajes que abarcarían el período entre 1922-1924, es decir, en la órbita de los *Veinte poemas de amor*.

Terusa, ha recordado el poeta, era alegre y luminosa, y Neruda la llamaba "Muñeca", "Pequeña" y también "Andaluza".

> Santiago, 1922
> ¿Recuerdas —allá— las tardes en los biógrafos cuando nos mirábamos largamente? Todavía no nos hablábamos, pero tú me hacías feliz. Me parecía que se juntaban mi alma y la tuya y me llenaba de una alegría inmensa, tan grande, tan grande.
>
> Pablo

En otra de las cartas le escribe:

Santiago, 1923
Y yo, tú lo sabes, caigo de repente en ataques de soledad, de cansancio, de tristeza, que no me dejan hacer nada y que me ponen amarga la vida! Para qué escribirte en esos momentos! Y entonces, en esas horas que me cogen de improviso, qué dulce, qué hermoso es recibir cartas lejanas, de la mujer amada, de ti, y volver a querer la vida y volver a alegrarse!

Pablo

A continuación, una selección de las que resultan más emotivas:

Santiago, 1923
Ya terminó la nieve. Te he hablado, Reina, de las estrellas y la nieve. ¿De qué más quiere S.M. que le hable este poeta? Te puedo hablar de muchas cosas. Mi reino es más grande que el tuyo. Tú eres reina de la Primavera mientras que yo soy rey del Otoño y del Invierno. Por eso estoy a veces triste, triste como tarde de crudo invierno.

Santiago, 1923
Es de noche y acabo de llegar. ¡Cuánto diera por estar contigo en esta noche de estrellas! ¿Qué estás haciendo? Yo trabajo. Te envío un retrato muy malo. ¿Lo quieres? Está deformado. ¿Me escribirás? ¿Me querrás? Hasta mañana. Un beso. Dos. Tres. Cuatro. Otro más.

Pablo

Santiago, 1924
Te confieso mi desencanto de todo, cuando tú tienes derecho —¿tendrás?— a ser mi encanto único. Te hablo con tristeza de mi falta de fe en todas las cosas, de mi soledad y de mi necesidad de que me comprendan, cuando tú, simpática Pequeña, pudieras ser mi fe, mi compañía y mi esperanza...
...¿Nunca has abandonado tu cabeza de señorita para dolerte un poco del abandono de este niño que te ama?
Pablo

Está claro que no sólo los separa una distancia geográfica; hay otra peor, la social. Ella sigue siendo "cabeza de señorita" y él, un poeta pobre, oscuro y triste. En esos momentos, nada hacía presagiar una continuidad amorosa.

En una de su últimas cartas hay tanto desconsuelo como en el "Poema 20" o la "Canción desesperada", comenta Volodia.

No, ya no puedo escribirte. Tengo una pena que me aprieta la garganta o el corazón. Mi andaluza, todo se terminó? Di que no, que no, que no.

Muchos años después, en *Memorial de Isla Negra*, en "Amores: Terusa (1)", se pregunta:

Y cómo, en dónde yace
aquel
antiguo amor?
(...)
El amor, el amor,
dónde se va a morir?

(...)
Terusa,
inextinguible
aún en el olvido

Al parecer continuaron viéndose a lo largo de los años. Así lo atestigua la amistad que tuvo con Laurita y con quien compartía largas tardes de conversación. En "Amores: Terusa (II)", le señala:

Ahora que tú llegas de visita,
antigua amiga, amor, niña invisible,
te ruego que te sientes
otra vez
en la hierba.

La nota muy cambiada. La observa de manera diferente. Por eso dice:

Ahora me parece
que cambió tu cabeza.
Por qué
para venir
cubriste con ceniza
la cabellera de carbón valiente
que desplegué en mis manos, en el frío
de las estrellas de Temuco?

Lo que nunca sabremos es por cuánto tiempo Teresa Vásquez (o Teresa León) siguió amando a Neruda. Sí tenemos certeza de que ella guardó ese "Álbum" como un preciado tesoro durante 25 años. Recuerdos de un intenso y perdurable amor que le permitió vivir amándolo en silencio, silencio que parece ser una constante en algunas musas del poeta.

La niña morena y ágil

María Parodi, la musa misteriosa del "Poema 19", permaneció en el anonimato hasta que el poeta cumplió los 65 años.

La "niña morena y ágil" era de Puerto Saavedra, lugar de veraneo para las familias sureñas cercanas a Nueva Imperial. Ahí fue donde se conocieron y tuvieron un romance, al parecer intenso y que, a pesar de no trascender, sirvió para que el romántico Neftalí Reyes inmortalizara esta relación a través del célebre poema que dice así:

Niña morena y ágil, el sol que hace las frutas,
el que cuaja los trigos, el que tuerce las algas,
hizo tu cuerpo alegre, tus luminosos ojos
y tu boca que tiene la sonrisa del agua.
(…)
Niña morena y ágil, nada hacia ti me acerca.
Todo de ti me aleja, como del mediodía …
(…)
Mi corazón sombrío te busca, sin embargo,
y amo tu cuerpo alegre, tu voz suelta y delgada.

El escritor Eulogio Suárez señala que en un artículo publicado en la revista *Ercilla* de julio del año 1969, el poeta la recuerda diciendo:

> Puerto Saavedra tenía olor a ola marina y a madreselva. Detrás de cada casa había jardines con glorietas y enredaderas que perfumaban la soledad de aquellos

días transparentes. Allí también me sorprendieron los ojos negros y repentinos de María Parodi. Cambiamos papelitos muy doblados para que desaparecieran en la mano. Más tarde escribí para ella el número 19 de mis *Veinte poemas*.

La familia Parodi Alister era de Puerto Saavedra y de Nueva Imperial. Su padre, Abbel Parodi Casanueva se casó con Sara Alister y tuvo con ella nueve hijos; María era una de las menores. Estos inmigrantes, descendientes de italianos provenientes de la ciudad de Varese, en Génova, llegaron a Chile a comienzos del siglo XX e hicieron fortuna en unos aserraderos de Puerto Saavedra. Después continuaron sus negocios con la construcción de barcos, lo cual incrementó su poderío económico.

Entrevistamos a varios familiares de los Parodi. Pía Rivera Parodi, sobrina directa de la musa, nos cuenta desde Buenos Aires que el "Poema 19" ("Niña morena y ágil"), muestra exactamente cómo era María en la época en que Neruda se enamoró de ella.

> Yo que conocí tanto a mi tía —dice— y he leído mucho ese poema, encuentro que es un verdadero *identi kit* de ella.
>
> Siempre fui su admiradora porque tenía una personalidad muy especial. Era una mujer intensa, y nada de lo que hacía era un término medio. Siempre iba de un extremo a otro. De lo exuberante y radiante, a lo dramático. Con esa exquisita sensibilidad, Neruda pudo transmitir en esos versos la personalidad de María. Es magistral porque en unas cuantas líneas y en forma tan metafórica hace una descripción exacta de lo que era mi tía.

La vida transcurría muy tranquila en el balneario de Puerto Saavedra, lugar de moda en esa época. Las tertulias eran costumbre. "La gente pudiente iba a veranear ahí, y en la casa de los Parodi Alister, se acostumbraba a tener tertulias en las tardes. No era necesario invitar. Todos sabían qué día les correspondía. Así fue como se conocieron Neruda y mi tía", revela Pía Rivera. "Por mi madre sé que el poeta llegó con varios amigos y, como era la costumbre, recitaban poesías. Incluso apareció Dagoberto Godoy (el piloto que cruzó por primera vez los Andes), que se enamoró de mi tía Berta, hermana de María."

María Parodi se caso dos veces. Con su primer marido, Félix Gómez, un comerciante español de Nueva Imperial, tuvo dos hijos, Abel y Miriam. Pero este matrimonio no duró mucho ya que la joven huyó a Santiago enamorada de Raúl Arias. El conflicto matrimonial no fue fácil de resolver. María dejó Nueva Imperial, llevando sólo a su hija Miriam. Así, nuevamente enamorada, volvió a casarse y tuvo otro hijo, tan encantador como ella, Luciano Arias Parodi, con quien conversamos largamente.

La decisión de María Parodi fue un acto de heroísmo para la época. Vanguardista y de mucha personalidad, no dudó en huir de su hogar por este amor que la enloqueció; pero su felicidad duró muy poco. Raúl Arias, que se dedicaba a la construcción de caminos, viajaba de modo permanente. Fue un padre ausente. "Practicamente no lo conocí —dice Luciano—. Creo haberlo visto no más de unas seis veces. El matrimonio comenzó a fallar por sus ausencias y eso entristeció mucho a mi madre."

Ya el quiebre de su primer matrimonio había sido traumático, no sólo por el escándalo, sino porque Abel Gómez, su hijo mayor, fue presionado por la familia para que se quedara junto a su padre y abuela en Puerto Saavedra. Abel, prácticamente perdió todo contacto con ella. El caso de Miriam fue algo diferente. Pasaba temporadas largas con su madre pero toda esta situación anómala no permitió que desarrollaran una armoniosa relación. Luciano, el hijo menor, terminó siendo el gran apoyo para esta madre dolorosa: "Fuimos muy amigos y me crié sumamente apegada a ella".

Con el paso del tiempo, Luciano descubrió que su padre tenía otra relación fuera de casa, la cual mantuvo hasta la muerte de María.

La "niña morena y ágil" falleció bastante joven después de un repentino derrame cerebral. El día 18 de agosto de 1960 no despertó más. Tendría alrededor de unos 50 años, pero la edad verdadera no la supo nadie. Los papeles que acreditaban su nacimiento desaparecieron y ese misterio de coquetería nunca fue develado. "Fui a Puerto Saavedra pero en el Registro Civil todo se había esfumado", agrega Luciano. "Era muy pretenciosa y como tenía varios años más que mi padre, estoy seguro de que ésa fue la razón para esconder su edad."

¿Cómo era su madre? Muy alegre. Romántica. Era mi amiga y confidente. Fumaba demasiado y no hay foto donde no se le vea con un cigarrillo en la mano. Debe haber sufrido mucho y el cigarro se convirtió en su mejor compañero.

¿Qué ocurrió cuando murió María? Mi padre trató de acercarse, pero no pude establecer una relación con él. Mi madre nunca se sintió querida y siempre he pensado que esa pena tiene que haber repercutido en su temprana muerte.

¿En qué oportunidad le habló de Neruda? Yo era chico y no me interesaba mucho el tema. Algo me dijo pero tengo vagos recuerdos.

¿Conoció usted alguna vez a Neruda? Sí, de lejos. Como soy piloto de LAN, en un vuelo a La Serena divisé a Allende con Neruda. Iban en el mismo avión. Callado, introvertido. Tuve muchas ganas de preguntarle cómo había sido lo de mi madre con él, este amor de juventud. Pero como no tenía ninguna certeza en esa época, no me atreví.

¿Qué tipo de relación cree que tuvieron? Pienso que platónica. No creo que mi mamá se haya fijado mucho en él. Neruda no era una persona atractiva y ella se deslumbraba por el físico. Mi padre, en cambio, era buenmozo. Alto y de ojos azules.

Neruda sabía perfectamente que su físico no era su mayor atractivo. Muchos años después escribió un retrato humorístico de sí mismo, que incluyó en el libro *Defectos escogidos*, publicado después de su muerte. Dice así:

> Por mi parte, soy o creo ser, duro de nariz, mínimo de ojos, escaso de pelos en la cabeza, creciente de abdomen, largo de piernas, ancho de suelas, amarillo de tez, generoso de amores, imposible de cálculos.

3

Albertina Azócar
El amor esquivo

Albertina Azócar es una las musas importantes en la vida de Neruda y tal vez con la que logré una mayor intimidad. La conocí cuando tenía 80 años y trabajaba en la florería Pamela's Garden en calle Moneda, muy cerca del Palacio Presidencial. Estábamos en el año 82, iniciando la serie que haría historia: "Recordando a Neruda", publicada, como ya hemos dicho, en el suplemento "Buen Domingo", del diario *La Tercera*.

Desde que la vi supe que iba a poder conversar en profundidad con ella a pesar de su notoria timidez.

Ella es el "poema del silencio". Magistral el poeta al caracterizar a la mujer amada: *Me gustas cuando callas porque estás como ausente.*

La entrevisté varias veces y siempre estuvo "como ausente", con esos ojos color té. Sus movimientos, lentos; sus respuestas, breves; su mirada, etérea. Cabizbaja, como avergonzada de sacar a la luz la historia romántica que mantuvo oculta durante más de 50 años. (*Parece que los ojos se te hubieran volado y parece que un beso te cerrara la boca.*)

De no haber sido porque las 111 cartas de amor fueron sacadas de su casa y posteriormente publicadas, nunca habríamos conocido esta maravillosa historia que se prolongó —al menos epistolarmente— durante 10 años.

En una carta enviada por Neruda desde Ceilán, donde le anuncia que un nuevo libro saldrá publicado en España, le dice: "Habrás notado que mis versos seguían siendo para ti. Excepto algunos. Los mejores son tuyos. ¿Es verdad que aún me quieres? ¿Sientes las caricias que van a recibirte? ¿Te sientes desnuda en mis brazos?".

Al final de su relación, Neruda suspendió las cartas, pero siempre mantuvo contacto con Albertina. El poeta tenía una gran habilidad: podía estar casado, pero se las arreglaba para mantener a sus musas siempre alrededor de él. En casa de Delia del Carril, gran amiga de Albertina, los tres compartieron muchas veladas y cumpleaños. Incluso cuando Albertina se casó con el poeta Ángel Cruchaga siguieron siendo matrimonios amigos. El deambular de sus musas se mantuvo sin dificultad... hasta que llegó Matilde Urrutia.

La historia de amor

Albertina y Pablo se conocieron en abril de 1921, siendo ambos alumnos del primer año de Francés en el Instituto Pedagógico de Santiago. Ella tenía 19 años y Pablo (en esa época, Neftalí Reyes) era un año menor. Su padre, don José del Carmen Reyes, soñaba con tener un hijo profesor. Jamás un poeta.

Los jóvenes se hicieron amigos y juntos deambularon por pensiones y cafeterías entre la Estación Central y la avenida

Brasil. Una vida de bohemia para Pablo, flaco y sin dinero, y un romance que lo inspira. Para ella, el despertar silencioso al amor.

Te traeré de las montañas flores alegres, copihues,
avellanas oscuras, y cestas silvestres de besos.
Quiero hacer contigo lo que la primavera hace
con los cerezos

Recuerda Albertina:

En el Instituto Pedagógico había estudiantes que componían poesías. Pablo estaba entre ellos y recitaba con aquel tono suyo lento y grave: *Desde el fondo de ti, y arrodillado,/ un niño triste, como yo, nos mira.*
Yo solía remedar, junto a unas compañeras de curso, cómo recitaba sus poemas y empleaba el mismo sonsonete que tenía Pablo. Así comenzamos a conversar y pasear juntos después de las clases. Al volver a casa, a la pensión en que vivía con mi hermano Rubén, cerca de la calle República, Pablo me acompañaba. A mi hermana, él no le gustaba, porque mi familia era muy conservadora y los poetas tenían mala fama. Además, Pablo era muy delgado, taciturno y de cara macilenta. Iba muy abrigado con una capa muy larga, de las que daban a su padre, que era ferroviario. Le recuerdo vestido con ella y un sombrero, como a veces él se dibujaba, de negro. Era tan joven, tan enamoradizo. No sé, a muchas chiquillas les gustaban los poetas. Cuando me escribía tenía acá dos, tres o cuatro amores.

Sin embargo, a Albertina le dedicó algunos de sus versos más célebres. Ella tenía su favorito: "De los poemas que a mí me escribió, el que más me ha gustado es el "Poema 15", o "poema del silencio":

Me gustas cuando callas porque estás como ausente,
y me oyes desde lejos, y mi voz no te toca.
Parece que los ojos se te hubieran volado
y parece que un beso te cerrara la boca.
(...)
Me gustas cuando callas porque estás como ausente.
Distante y dolorosa como si hubieras muerto.
Una palabra entonces, una sonrisa bastan.
Y estoy alegre, alegre de que no sea cierto.

Albertina también inspiró versos evidentemente eróticos que el poeta escribió muchos años después, en *Memorial de Isla Negra*, donde repasa su vida en poemas. No se necesita mucho más que estas palabras para entender la relación que sostuvieron:

Como un pantano es el amor:
entre número y número
de calle
allí caímos,
nos atrapó el placer profundo,
se pega el cuerpo al cuerpo,
el pelo al pelo,
la boca al beso,
(...)
Oh amor de cuerpo a cuerpo,
sin palabras,
y la harina mojada que entrelaza
el frenesí de las palpitaciones

(De "Amores: Rosaura I")

Vivieron un romance secreto que sólo se dio a conocer 50 años después, en 1974, cuando fueron publicadas en España las *111 cartas de amor* entre Pablo y Albertina, recopilación de Sergio Fernández Larraín. Dicha correspondencia nació una vez que Albertina regresó a Concepción y Pablo deambulaba entre Temuco y Puerto Saavedra y, más tarde, entre Rangún (Birmania) o Colombo (Ceilán).

Las cartas fueron la única forma de comunicación entre ellos y se mantuvieron vigentes hasta el año 1932, cuando el poeta regresó a Chile ya casado con María Antonieta Hagenaar.

El relato que a continuación presentamos forma parte de una serie de conversaciones que sostuve con Albertina Azócar en agosto de 1982. De pocas palabras, sus respuestas fueron siempre escuetas. No era fácil conversar con ella en la florería donde trabajó hasta muy avanzada edad, recordando que las flores preferidas de Pablo eran las madreselvas.

¿Cómo era Pablo, Albertina? Callado, tímido... pero bastante tierno conmigo. Pasamos casi dos años juntos, pero después yo me fui a Concepción y de ahí las cartas famosas.

¿Por qué no siguió su relación con él? Lo que pasó es que él se fue de Chile y no nos vimos más. Por eso nos escribíamos mucho.

Pero en inumerables cartas él le insistía que contestara y usted no lo hacía. ¿Por qué? Le escribía poco, es verdad. Lo que pasó es que él se fue a vivir tan lejos, a Rangún.

Pablo le propuso matrimonio en forma insistente... Sí, pero en esa época las cosas eran muy complicadas. No como ahora.

Me habría casado con él pero volví a Concepción para terminar mis estudios y a trabajar en una escuela experimental. Después me fui a Bruselas porque me gané una beca para aprender un sistema rápido de enseñanza del francés y allá Pablo me siguió escribiendo.

¿Por qué no decidió irse con él? No pude tomar la decisión sola. Mi familia era muy estricta y nunca supieron de mi relación con Pablo. Eran otros tiempos.

¿Se habría casado? Claro que sí, pero como estaba en Bruselas no podía cambiar el pasaje de la universidad para irme a Rangún. Realmente no me atrevía a hacer una cosa así. Nunca me atreví a partir sola sin casarme antes. Una vez una adivina me dijo que yo le había torcido la mano al destino.

¿Cuándo y en qué circunstancias le escribió los Poemas de amor? Cuando yo estaba en Concepción. Por eso los tengo en mi poder. Me mandó otros también que se publicaron en *El hondero entusiasta* y en la primera *Residencia en la Tierra.*

¿Cuánto tiempo estuvieron juntos? Nuestras relaciones en Santiago duraron cerca de dos años. Cuando me fui a Concepción, Pablo siguió en el Pedagógico. Entretanto, caí enferma y me operaron de peritonitis en la Asistencia Pública, porque fue de urgencia, y allá me visitó Pablo. Después pasé al hospital. Publicó entonces *Crepusculario* y me lo llevó junto a un retrato suyo, con la capa. Él seguía escribiéndome.

¿Lo visitó en Santiago? Antes de irse me pidió que viniera a Santiago porque iba a embarcarse. También quería que fuera con mi hermano (Rubén Azócar) a México, para que allá nos

encontráramos. Pero yo no podía, en mi casa no me dejaban, mi padre era un hombre duro. Imposible salir, ¿con qué pretexto? Ni mucho menos viajar.

Pablo la llamaba de diversas maneras: Netocha, Arabella, Mi mocosa. El preferido de ella era Netocha, nombre que él tomó de la obra "Netocha Nezvánova", de Fedor Dostoievski, escritor que Neruda conoce en su infancia gracias a una señora alta que llegó a Temuco "con vestidos largos y zapatos de tacón bajo. Era la nueva directora del Liceo de Niñas. Se llamaba Gabriela Mistral".

Los Veinte poemas

Diez fueron los poemas inspirados por Albertina Rosa o Marisombra. Ella lo confesó y, más aún, los recitó en uno de los encuentros que tuvimos. Son el 1, 2, 5, 7, 11, 13, 14, 15, 17 y 18.

El resto pertenece a Teresa Vásquez —Terusa o Marisol. Más tarde se descubrió que el "Poema 19" fue dedicado a María Parodi, la atractiva joven que conoció en Puerto Saavedra.

Neruda siempre fue misterioso y no quiso revelar el nombre de las musas del libro que lo hizo mundialmente famoso. En una conferencia que dio el año 1954, en la Universidad de Chile, se refirió a ellas diciendo:

> Yo les prometí una explicación para cada uno de mis poemas de amor. No es que haya olvidado a nadie, sino que, pensándolo bien, ¿qué sacarían ustedes con los nombres que les diera? ¿Qué sacarían con unas trenzas negras en un crepúsculo determinado...? Hablemos francamente: nunca dije una palabra de

amor que no fuera sincera, ni habría podido escribir un verso sin verdad.

En *Confieso que he vivido*, argumenta:

> Siempre me han preguntado cuál es la mujer de los *Veinte poemas*. Pregunta difícil de contestar. Las dos o tres que se entrelazan en esta meláncolica y ardiente poesía corresponden, digamos, a Marisol y Marisombra. Marisol es el idilio de la provincia encantada con inmensas estrellas nocturnas y ojos oscuros como el cielo mojado de Temuco... Marisombra es la estudiante de la capital. Boina gris, ojos suavísimos, el constante olor a madreselva del errante amor estudiantil, el sosiego físico de los apasionados encuentros en los escondrijos de la urbe (...) Es un libro doloroso y pastoril que contiene mis más atormentadas pasiones adolescentes, mezcladas con la naturaleza arrolladora del sur de mi patria.

La investigación realizada por el historiador Sergio Fernández Larraín descubrió que en las 111 cartas de amor hay frases que delatan quién es la niña de las trenzas y quién la de la boina gris.

> *Yo, tendido en el pasto húmedo, en las tardes, pienso en su boina gris, en sus ojos que amo, en ti*

Frase que hace recordar los versos del "Poema 6":

> *Te recuerdo como eras en el último otoño.*
> *Eras la boina gris y el corazón en calma.*
> *En tus ojos peleaban las llamas del crepúsculo.*
> *(...)*

Siento viajar tus ojos y es distante el otoño:
boina gris, voz de pájaro y corazón de casa.

La pasión que trasluce Neruda por la estudiante de francés es "terrible, de un erotismo baudeleriano", comenta el escritor Enrique Lafourcade en su libro *Neruda en el país de las maravillas*.

Cuerpo de mujer, blancas colinas, muslos blancos
te pareces al mundo en tu actitud de entrega.
Mi cuerpo de labriego salvaje te socava
y hace saltar el hijo del fondo de la tierra

(De "Poema 1")

En otros escribe:

He ido marcando con cruces de fuego
el atlas blanco de tu cuerpo.
Mi boca era una araña que cruzaba escondiéndose.
En ti, detrás de ti, temerosa, sedienta.

(De "Poema 13")

El amor continúa en *El hondero entusiasta* y alcanza a varios poemas de *Residencia en la Tierra*. Neruda no puede olvidar a Albertina. Pero, según Lafourcade, ella ha descubierto la existencia de Teresa Vásquez, la Marisol de Temuco. También a Guillermina Roheren. Neruda es un picaflor. ¿Cómo tomarlo en serio? De hecho, tanto a Albertina como a Teresa les anuncia que está escribiendo los *Veinte poemas*. Y a ambas les dice que están inspirados en ellas.

En una de las cartas a Albertina, fechada a comienzos del año 1924, dice:

> Tu hermosa carta color lila merece esta tinta color ala de caturra. (...) Estudias? Yo nada. Estoy arreglando los originales de mi libro Veinte Poemas de Amor y una Canción Desesperada. Hai (sic) allí muchas cosas para mi Pequeña Lejana.

Al mismo tiempo, a Teresa Vásquez le cuenta:

> *Hay allí muchas para mi Pequeña Lejana uno por uno/ línea a línea en la casa y en la calle/ germina el nuevo libro, poemas de sabor salado/ como veinte olas de mujer y más... / Entre una soledad y un beso apenas/ arrancando al amor: hoja por hoja/ y como si un árbol lento despertara/ nació el pequeño libro tempestuoso.*

Las 111 cartas de amor

Neruda murió en septiembre de 1973. Dos años después, una bomba literaria sacudió el ambiente nerudiano. El historiador Sergio Fernández Larraín dio a conocer en España las *111 cartas de amor* de Neruda a Albertina, publicadas en un libro que causó revuelo e indignación en dos mujeres: Albertina, la dueña de las mismas, y Matilde Urrutia, viuda del Nobel y heredera universal.

Ambas decidieron querellarse contra Fernández. Albertina ganó el juicio y ante notario le fueron devueltas sus cartas. Matilde lo perdió, pero logró desprestigiar al hombre que según ella fue "un usurpador de la obra de Pablo". "Él tendría que haberme pedido permiso y, como no lo hizo, su actuación se convirtió en un acto de piratería."

Los originales de las cartas habían desaparecido misteriosamente de la casa de Albertina. Ella nos relató lo ocurrido una tarde del mes de mayo de 1982.

> Un sobrino de mi marido, Fernando de la Lastra, me pidió que le vendiera algunos libros. Le dije que sí porque tenía poco dinero y la jubilación de Ángel (Cruchaga) no me alcanzaba. Él entraba siempre a buscar cosas, hasta que un día se encontró con las cartas que tenía guardadas y que nunca más había vuelto a leer. "¿Quiere que se las ordene?", me dijo. Le contesté que sí, y se las llevó. Pasó el tiempo y no las traía. Le pedí incluso las fotografías mías de esa época que necesitaba para rendir un homenaje a Pablo con motivo de su muerte. Otro día supe que Alone había dicho que las cartas eran muy hermosas. De la Lastra me aseguró que las estaba ordenando. Me estuvo mintiendo todo el tiempo y un buen día llegó a mi casa Sergio Fernández Larraín con todas ellas listas para ser publicadas. "Esas cartas —me dijo— son ahora de mi propiedad. Me las vendió De la Lastra a cambio de unas antigüedades." "No. Las cartas son mías y no las vendo", le contesté. Pero él insistió. Vino a mi casa unas cuatro o cinco veces, suplicándome que le diera la autorización para publicarlas. Por cansancio, un día le dije: ¡Publíquelas!

Al terminar el juicio, Albertina guardó por un tiempo las cartas recuperadas en una caja de seguridad de un banco.

El escritor Volodia Teitelboim se pregunta en su libro:

> ¿Porqué Albertina autorizó su publicación? ¿Tal vez porque no quería morir llevándose el secreto a la tumba?

¿Quizá porque, ya vieja (con 80 años) quería disfrutar en vida esa alegría de que la recordaran como la muchacha de la boina gris, cuando tenía veinte años, e inspiró poemas que la proyectarían como un halo romántico hacia la posteridad?

Tesoro epistolar

Albertina decidió mostrarnos su tesoro epistolar meses antes de tomar la decisión, ya definitiva, de vender las cartas al Banco Exterior de España. Francisco Fernández Ordóñez, entonces presidente de dicha institución, logró convencerla. Se trataba de los originales de 111 cartas y 16 poemas, entre los que está el "Poema 15". La institución las adquirió para publicar una edición de lujo, restringida, que se imprimió sólo para regalar a los más importantes clientes del banco. Consta de dos partes: un libro con prólogo de amigos de Neruda de la connotación del Nobel: Vicente Aleixandre, Rafael Alberti, Jorge Guillén, Francisco Umbral y Jorge Edwards, de Chile. La segunda parte contiene dos sobres con los "originales", que en realidad son magistrales reproducciones de las epístolas verdaderas, imitando a la perfección texturas de papeles y colores de tintas. En un sobre están las cartas y, en el otro, los poemas para Albertina Rosa.

Pero ese día junto a Albertina, lo que tuvimos frente a nuestros ojos fueron las cartas auténticas, guardadas por esta mujer durante 50 años. Una a una las fue leyendo como en una lenta despedida. Entre ellas, recitó el "Poema 15". Fuimos conociéndolas en su íntima dimensión. Sería la única vez que estos originales fueran mostrados a un medio de comunicación. La fotografías y un video preservaron el histórico recuerdo. Dos años después, el tesoro literario salió de Chile en forma definitiva. Habíamos perdido un patrimonio cultural de lujo.

El contenido de las cartas estuvo, básicamente, centrado en los permanentes ruegos del poeta a Albertina para que se reunieran en el extranjero y se casaran. Ella le respondió en muy pocas oportunidades, y siempre estuvo consciente de que el interés de Neruda no decayó con facilidad, pero que ante esa sólida demostración de amor, la actitud lejana adoptada por ella era la única posible para su carácter. Albertina era así. Poco expresiva, por decirlo de algún modo. Aunque —según confesó— sentía amor por Neruda, las demostraciones de pasión estaban muy lejos de su forma de ser. Además, el intercambio epistolar estuvo lleno de dificultades. Alguna vez contó que debía acudir al correo a escondidas, porque a su familia no le gustaba el poeta, le prohibían escribirle y más todavía salir a la calle a buscar o enviar sobres con declaraciones románticas.

A pesar de todas estas dificultades, surgieron 111 cartas con las más bellas palabras de amor:

> Ceilán, 27 de diciembre de 1929
>
> Mi niña Netocha:
>
> No pensaba escribirte hasta que contestaras mis cartas anteriores, pero es de noche, hace calor, no puedo dormir.
>
> Tu bello retrato está sobre mi mesa de noche: le hice hacer un marco de madera preciosa: tamarindo y tus ojos que creí no irían a verme nunca más me miran noche y día.

Más adelante continúa:

> Porque será la última vez en nuestras vidas en que tratemos de juntarnos. Me estoy cansando de la soledad, y si tú no vienes, trataré de casarme con alguna otra. ¿Te parece esto brutal? No, lo brutal sería que tú no vinieras.
>
> Pero, ¡óyeme!
>
> Nunca he querido a nadie sino a ti, Albertina.
>
> Par avion
>
> ¡Nunca un aeroplano llevó tantos besos!
>
> Pablo Neruda

> Diciembre 18, 1929, Ceilán.
>
> Albertina querida: hace dos horas he recibido tu carta y me entero del problema de la universidad.
>
> Te contesto:
>
> En primer lugar, creo que no debemos sacrificar nuestra posible felicidad, o aun, postergarla o ponerle obstáculos.
>
> (...) Mi idea es ésta: que te vengas como humanamente puedas, y si es posible empleando el pasaje de regreso a Chile que podrías cambiar en la compañía. Sé perfectamente lo que esto quiere decir, no te asustes, cuando nos hayamos casado escribiré a Molina o al que sea y trataré de pagar tus pasajes y tus gastos hasta el último centavo.

Después agrega:

> Espero, mi novia, que harás lo que tu corazón te mande.
>
> Te besa una y mil veces y una y mil veces más.
>
> Tu Pablo

Más adelante sigue escribiendo y le cuenta que pronto un nuevo libro se publicará en España. Es *Residencia en la Tierra.*

Hay allí muchas cosas para ti:
En el fondo del mar profundo,
en la noche de las largas listas,
como un caballo cruza corriendo
tu callado callado nombre.
(De "Madrigal escrito en invierno")

Yo pienso en ti con tanta pasión, casi con dolor.
Y me parece que es la primera vez que te confieso que
te he querido tanto.
Pero tú lo sabías ya.
Te beso toda entera.
Pablo Neruda

Isla de Ceilán, 12 enero 1929

Ayer creí volverme loco de rabia, decepción, tristeza. Como si esto fuera poco, en este momento recibo una tarjeta tuya de Londres, "tu silencio me inquieta". Y naturalmente me das una nueva dirección en Bruselas... Y naturalmente una pequeña postal en un mes. Después de cinco años de absoluta mudez, lo que tienes que decirme cabe en una postal.
Dime Albertina, ¿debo dudar de ti?
Estoy furioso, irritado, no deseo decirte más cosas que podrían hacerte sufrir...
No creas que porque te reto
te adoro menos

Pablo

En una de las últimas cartas se refiere al daño que ella le ha causado y le pide que destruya las misivas originales porque no quiere que sus cosas vayan a parar a manos de "tus amigos de Concepción". Se despide diciéndole: "Adiós, Albertina, para siempre. Olvídame y créeme que sólo he querido tu felicidad".

Tiempo después, Neruda, ya casado con María Antonieta Hagenaar, volvió a Chile a trabajar en el Ministerio de Relaciones Exteriores. Entonces retomó la correspondencia:

> Tú sabes que estoy casado desde diciembre de 1931. La soledad que tú no quisiste remediar se me hizo más y más insoportable. Tú me comprenderás si piensas en tantos años de destierro. Me gustaría tanto besarte un poco la frente, acariciar tus manos que tanto he querido, darte un poco de la amistad y el cariño que tengo todavía en el corazón.
>
> No muestres a nadie esta carta. Nadie sabrá tampoco que tú me escribes.
>
> ¿Puedes venir a Santiago por un día?
>
> Te abraza tu amigo viejo.
>
> Pablo

Luego le envía una carta en la que se muestra dolido por su falta de decisión y le pide algunos originales de poemas y sonetos.

> Ministerio de Relaciones Exteriores
> Santiago, 15 mayo 1932
>
> Albertina, recibí el soneto que te escribí hace tantos años. Me ha hecho pensar y sufrir. Me gustaría verte. ¿Quieres escribirme una carta larga?

> Habría mucho que hablar. Mucho que recordar. No quiero apenarte, pero me parece que hiciste un gran error.
> Mis telegramas, mis cartas, te dijieron que yo iba a casarme contigo en cuanto llegaras a Colombo. Albertina, yo ya tenía la licencia de matrimonio y pedido el dinero necesario. Tú sabes esto, te lo repetí con paciencia en cada una de mis cartas, con gran detalle.
> Ahora me cuenta mi hermana que yo pedí que te fueras a vivir conmigo sin casarte y que tú has dicho esto. Nunca. ¿Por qué mientes? (...)
> Te he querido mucho, Albertina, tú lo sabes y te has portado mal, callada cuando más necesité de ti...

Han pasado más de 70 años y las palabras del poeta aún estremecen. En otro de nuestros encuentros con Albertina le preguntamos por qué decidió finalmente vender las cartas a España. Simplemente respondió: "Lo hice porque sé que en España lo estiman mucho más que acá y Pablo es un valor internacional. Un Premio Nobel tiene que conocerse en todas partes". Al mencionarle que un buen informante había dicho que las había transado por 28 mil dólares respondió: "¿Usted cree que yo estaría trabajando en la florería si tuviera en mis manos esa cantidad de dinero?".

Albertina se dejó como recuerdo sólo un cuaderno del Pedagógico con frases en francés, más una polvera de madera que le regaló Pablo. Silenciosamente y con su tesoro entregado al mundo, Albertina murió en 1988 a los 86 años de edad.

Opiniones

Hay diversas interpretaciones de la relación amorosa entre Pablo y Albertina. El poeta nicaragüense Jorge Guillén —uno de los que prologó la edición de las *111 cartas* para el Banco Exterior de España— dijo:

> Albertina, muy inferior a Neruda, no estuvo a la altura de las circunstancias. Quizá se percatase de su verdadero valor, y, según su conciencia, inadecuado al sumo escritor de Chile. Y no se casó con él.

Hernán Loyola, uno de los grandes estudiosos de Neruda, no le da importancia relevante a esta relación amorosa y explica por qué:

> A Albertina, siendo una de las musas inspiradoras de los *Veinte poemas*, Neruda no la menciona en ningún poema con nombre y apellido como lo hizo con Josie Bliss y Matilde. Tampoco la menciona en *Crepusculario*. Ahí Terusa (Teresa Vásquez) está con el nombre de Francesca tomado del Dante de la Divina Comedia (Pablo y Francesca). Insisto en que Albertina no supo querer a Pablo.

Y agrega:

> Cuando Pablo se casó con Maruca (María Antonieta Hagenaar) desesperadamente recurre a Albertina para que le ayude, pero en el fondo su llamado es para que ella lo libere del fantasma de Josie Bliss. Albertina —a juicio de Loyola— era, hasta entonces, la mujer con la cual tenía mejor entendimiento sexual. Albertina pudo ser pero siempre fue reticente.

Doña Rosa Neftalí Basoalto, madre de Neruda, muere a los dos meses del nacimiento de su hijo, 1903.
Fuente: *Álbum de Temuco*, Bernardo Reyes.

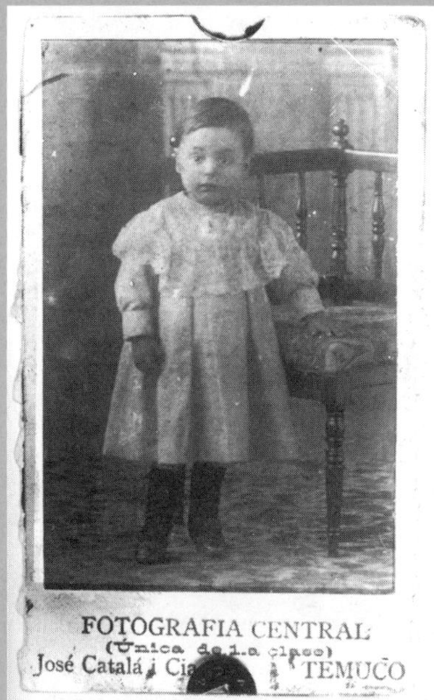

Ricardo Neftalí Reyes Basoalto a los dos años en Temuco, 1906.
Fuente: *Álbum de Temuco*, Bernardo Reyes.

La familia en Temuco, 1932: Laura Reyes junto a sus padres don José del Carmen Reyes y la "mamadre", doña Trinidad Candia. Atrás de Laurita está el escritor Tomás Lago.
Fuente: *Álbum de Temuco*, Bernardo Reyes.

Pablo Neruda junto a un niño nativo en Wellawatta, como cónsul en Ceylán, en abril de 1929.
Fuente: *Álbum de Temuco*, Bernardo Reyes.

En Singapur, en marzo de 1931, el cónsul chileno recibe a Elvira Santa Cruz, más conocida como "Roxane", directora de la revista *El Peneca*. Junto a ella su amiga Figueroa de Matte.
Fuente: *Álbum de Temuco*, Bernardo Reyes.

El joven Neruda junto a Laura Arrué, 1927.
Fuente: *Pablo Neruda: Retrato de familia*, de Bernardo Reyes.

Teresa Vásquez, o Terusa, en el clásico retrato de sociedad, 1925. Ella es una de las musas inspiradoras de *Veinte poemas de amor y una canción desesperada*.
Fuente: Rosa León Müller.

María Parodi, amor juvenil de Puerto Saavedra. Ella le inspiró el Poema 19, "Niña morena y ágil", de *Veinte poemas de amor y una canción desesperada*.
Fuente: Luciano Arias Parodi.

Vicha Vidal, una conquista del Instituto Pedagógico de la Universidad de Chile, 1930.
Fuente: Douglas Hubner Vidal.

Albertina Azócar y el joven
Ricardo Neftalí Reyes, 1921.

Tal vez es la única foto donde aparecen juntos Albertina Azócar y Pablo Neruda (década del 40).
Fuente: Francisco Cruchaga Azócar.

Portada del suplemento dominical “Buen Domingo” del diario *La Tercera*, 1982, donde aparece Albertina Azócar a los 80 años, junto a un retrato suyo.

Según Loyola, la esperanza del viaje de Albertina sostuvo al poeta durante algunos meses. Sus cartas son contenidas y púdicas en la expresión de sus razones sexuales. A finales de 1929 está claro que ella no vendrá. Neruda le envía un ultimátum desde Wellwatta (carta del 17 de diciembre 1929): "Porque será ésta la última vez en nuestras vidas en que tratemos de juntarnos. Me estoy cansando de la soledad, y si tú no vienes trataré de casarme con alguna otra".

Algunas semanas después, la despedida final: "No quiero hablarte del daño que me has causado, no serías capaz de comprender... He querido hacerte mi esposa en recuerdo de nuestro amor... Adiós, Albertina, para siempre".

María Eugenia Zamudio, directora de la casa-museo de Isla Negra y experta en el tema, dice que Pablo no podía escribir sobre el amor si no estaba enamorado.

> En su juventud vivió un despertar bastante temprano y apasionado. Eso sí, con Terusa, que fue más recatada que Albertina, ya que con esta última, al vivir en Santiago, tuvo la oportunidad de concretar el amor físico. Albertina era desesperantemente indiferente. Fue tan poco audaz, tan cobarde. Ella no era hija de una familia de sociedad, sus padres eran profesores de clase media. No tenía por qué hacerse de rogar tanto. Pablo la siguió queriendo toda la vida. Ella se casó, años después, con el poeta Ángel Cruchaga, pero seguían siendo muy amigos. Incluso cuando Neruda ganó el Premio Nacional de Literatura los ayudó económicamente para que se compraran una casa. Siempre he pensado que ella fue el gran amor de juventud y que no se compara ni siquiera con Josie Bliss, que por ser nativa debe haber sido muy excitante para él.

Ante mi pregunta de por qué nunca menciona a Albertina en su obra, María Eugenia opina que se debió a que "quiere protegerla. Neruda también quiso mucho a Delia y la menciona sólo en dos poemas". Coincide con otros expertos en que Neruda jamás fue un donjuán. Era un hombre tímido con las mujeres. Además, estaba consciente de que no era atractivo. Sabía que quienes le gustaban no estaban a su alcance. Neruda definitivamente no era un galán, "claro que le gustaban mucho las mujeres, sobre todo cuando estaba animado por unas copas de whisky".

El doctor Francisco Velasco —su médico y amigo en Valparaíso— piensa también que Albertina fue su gran amor:

> Una amiga de ella me contó que Pablo mantuvo siempre una fotografía de Albertina en su dormitorio. La escondía debajo de un tapete en La Chascona. Ellos no se casaron pero fueron pareja y mantuvieron relaciones íntimas. En los poemas está todo muy claro. La amaba mucho y la forma como la describe demuestra el tipo de relación que tenían.

En una carta a su amigo argentino Héctor Eandi, del 27 de febrero de 1930, Neruda se abandona a una muy insólita confidencia:

> La cuestión sexual es otro asunto trágico que le explicaré en otra carta. (Éste es tal vez el más importante motivo de mi miseria.) Y una mujer a quien mucho he querido (para ella escribí casi todos mis *Veinte poemas*) me escribió hace tres meses, y por un tiempo viví lleno de su llegada, arreglando mi bungalow, pensando en la cocina, bueno, en todas las cosas. Y ella no

> pudo venir, o por lo menos no por el momento, por circunstancias razonables tal vez, pero yo estuve una semana enfermo, con fiebre, sin comer, fue como si me hubieran quemado algo adentro, un terrible dolor. Esto ha pasado, sin siquiera poder decírselo a alguien, y así aliviarse, se ha enterrado con los otros días, al diablo con la historia!

Vicha Vidal, Otro amor misterioso

El poeta no descansaba en sus afanes de conquista. Pareciera que el amor iba de la mano de la inspiración poética. La conquista, los momentos de dificultad, lo provocaban. Sus años como estudiante de francés en el Instituto Pedagógico de Santiago no sólo le sirvieron para conocer a Albertina, sino también a Vicenta Vidal, a quien él apodaba simplemente Vicha.

Su hijo, Douglas Hubner, actual presidente del Consejo Metropolitano del Colegio de Periodistas, explica que en su familia siempre fue un misterio la relación entre Neruda y su madre. "Tengo claro —dice— que ellos se conocieron en la universidad y que mi madre era amiga de Albertina Azócar. Curiosamente tiene la misma edad que el poeta, ya que nació en 1904."

¿Conoce poemas que Pablo le haya escrito a su madre? Hay todo un misterio en torno a ellos. Esos poemas o cartas se guardaban en una caja de madera que mi madre escondía muy bien. Nadie sabía de esos recuerdos hasta que ella murió en el año 1976. Con motivo de su fallecimiento, mi padre, Manuel Eduardo Hubner, sufrió una tremenda depresión y mi hermano mayor

decidió llevárselo a vivir con él a Copiapó. Al partir se trasladó con todo lo que había en su dormitorio y junto a sus enseres se llevó la cómoda donde mi madre guardaba sus secretos.

¿Cuánto sabía tu familia de esta relación? Yo siempre escuché que habían sido pololos mientras estudiaban. Eran compañeros de curso. Yo pienso que esos amores fueron etéreos, algo así como besitos robados en el cine. Pasaron los años y un día una nieta política de mi madre, Patricia Tala Dwingelo, encontró una carta en Copiapó y al ver que podría tener un valor literario decidió donársela a la Fundación Neruda. Desgraciadamente es muy poco legible pero no hay duda de que compartieron una amistad amorosa.

Por cierto, la carta está bastante deteriorada por el paso del tiempo, pero se pueden leer algunas frases que confirman lo que el poeta sentía por Vicha:

> *te diré cómo eres, tienes ese nimbo dulce de las abejas y las cebollas,*
> *oh querida te amo salvajemente…*
> *(...) dónde estás en la hora en que no eras más que mía, no eres más que mía.*
> *(…) luciérnaga de luto dónde vas con tus ojos*
> *decirte algo sólo para encantarte algo*
> *(...) sujétame la frente para no irme nunca.*

Neruda no ocultaba su amistad con Vicha Vidal y en varias cartas que le escribió a Albertina menciona que estuvo con ella en un café o que le pedirá que también le escriba, ya que eran amigas:

Santiago, 18 de abril, 1925

> Mi mocosa bien querida, te habrás extrañado de mi silencio, perdóname, he estado consagrado a ti en un trabajo. Noticias: tengo 500 pesos para que te vengas y para algún tiempo de pensión. Pero en estos últimos días del mes haré algunas tentativas de amistad, ayer fue carta a tu padre, en estos días te escribirán la Vicha y la Luz. ["La Luz", es Luz Olguín, compañera de Vicha y de Albertina en el Instituto Pedagógico.]

En otra de las cartas, que está con membrete del Ministerio de Instrucción Pública, Neruda le escribe de nuevo a Albertina y cita otra vez a Vicha:

> Mi Mocosa, yo creo haberte dicho que tengo una hermosa habitación, más clara que otras en el número 330 de Echaurren (...)
> Mi linda, escríbeme a esa dirección porque así recibo las cartas en la cama, en las mañanas. Ahora te escribo acostado. Son las 2 de la noche del sábado (...)
> Hoy estuve con la Vicha, la encontré en el café, quedó de escribirte en estos días, iré a conversar con ella. Después se fue al cementerio, la muy zorzala. Tu hermano macaco chivato tu hermano retaco chivato se ha dejado barba y le compré un cucurucho.

"Mi madre —dice Douglas Hubner— tenía en esa época 17 años y, al igual que el poeta, no terminó nunca sus estudios de francés. Fueron grandes amigos hasta que se produjo el rompimiento de Neruda con Delia."

La llegada de Matilde fue un golpe fuerte para todas estas musas que de alguna manera amaron al poeta pero también mantuvieron entre ellas una solidaridad en torno a la figura de Delia, La Hormiguita.

> Por haber sido muy amiga de Delia, mi madre decía las peores cosas de Matilde. Para ella, nunca existió. Cuando Vicha se casó con mi padre viajaban a menudo con los Neruda-Del Carril mientras ellos vivían en México, y en más de alguna oportunidad también lo hicieron acompañados de Luis Enrique Délano y su esposa, Lola Falcón.

Pero no sólo viajar era motivo de diversión. El cazar conejos por los alrededores del balneario El Quisco se transformó en uno de sus pasatiempos preferidos.

> Mi padre contaba que se reunían junto con Neruda y Manuel Solimano en el Hotel Italia y de ahí planificaban la cacería, pero antes tenían como costumbre pasar a una "picada" para disfrutar de un suculento almuerzo. En esa tentación premeditada la cacería llegaba a su fin. Entonces optaban por mandar a los hijos de esa familia a cazar conejos y después se tomaban fotografías como "héroes" en acción. Era un organizado club de Tobi.

4

Laura Arrué
Amor clandestino

Cuando Albertina partió a Concepción, Neruda fijó sus ojos en una mujer bellísima con quien vivió un intenso aunque breve romance, y que estaría cerca de él la mayor parte de su vida. Su nombre era Laura Arrué y los que la conocieron dicen que tenía un gran parecido a la famosa actriz Greta Garbo, las mismas facciones finas, la misma forma de cara. Y Laura, para dejarlo en evidencia, tenía dos retratos colgados a la entrada de su casa, uno suyo y otro de la enigmática actriz sueca. Quizá no sería exagerado asegurar que fue una de las mujeres más hermosas de su generación. Aída Figueroa lo confirma: "Yo la conocí y era extraordinariamente linda". Su sobrina nieta, Susana Sánchez Bravo, la recuerda como "una libélula, frágil, delgada".

Hasta ahora se sabía muy poco de Laura Arrué y de cómo llegó a enamorarse de Neruda. Su carácter discreto, un marido celoso y su propia decisión de ocultar los detalles, impidieron que la historia completa se hiciera pública. Sin embargo, una vez viuda y poco antes de morir, Laura escribió un libro de memorias titulado *Ventana al recuerdo*, publicado por Editorial Nascimento en 1982, donde contó parte del romance. Son recuerdos de toda su vida familiar y de sus amigos íntimos, como Rubén Azócar, Rojas Giménez, Orlando Oyarzún, González Vera y Diego Muñoz. Curiosamente, también grandes amigos de Neruda, bohemios todos y amantes de la poesía. Sin embargo, esta investigación logró sacar a la luz lo que incluso ese libro mantuvo en secreto.

La madre de Laura, María Eduvigis Bravo Arrué, era prima hermana de su padre, Nicolás Arrué de Ávila, descendiente de españoles radicados en la provincia de Colchagua. Tan a la antigua era la familia que se casaban entre parientes para "no mezclar su sangre con extraños", según le contaron a la propia Laurita. La abnegada María Eduvigis era una mujer de facciones perfectas y grandes ojos verdes. Su personalidad le impedía tomar decisiones. Cuando llegó la hora de casarse no tuvo opción. Su padre le dijo: "Este joven es bueno y usted debe aceptarlo como esposo". Una tía de Laura, Pablita, comentó después del fallecimiento de María Eduvigis que el día en que se anunció su compromiso se entristeció mucho y no se resignó jamás al destino impuesto. A pesar de la buena situación de sus padres, dueños de la hacienda Las Palmas de Cocalán, en Colchagua, vivió reprimida dedicándose a sus hijos abnegadamente. Luchó para que fueran profesionales y para lograrlo se trasladó a Santiago.

Una de ellos, Laura, quería convertirse en profesora y estudiaba en la Escuela Normal. Era contemporánea a Albertina Azócar y, como hemos dicho, de alguna forma ocupó su lugar en el corazón del poeta cuando esta última dejó sus estudios en Santiago y partió de regreso a Concepción.

Laura y el poeta se conocieron en la primavera de 1921, cuando se celebraba la Gran Velada Bufa en el Teatro Municipal para coronar a la reina y al rey feo. Ese año Neftalí Reyes leyó la "Canción de fiesta", poema con el que destronó a Roberto Meza Fuentes, que durante cinco años consecutivos había ganado los Juegos Florales. El festejado y joven poeta, estudiante de Pedagogía en Francés, siempre vestido con sombrero y capa negra, adquirió gran notoriedad. A sus distintas pensiones en Santiago llegaban mujeres a pedirle que diera recitales de poesía, solicitudes que eran aceptadas de buena gana por el galante poeta. Algunas de esas peticiones las hizo Laura Arrué.

> Yo estaba interna en la Normal Nº 1 y me tocó invitarlo a nuestra escuela —recuerda la protagonista—. Pablo arrendaba una pieza interior en calle Echaurren 330. Allí lo encontramos, acostado en su modesta cama: un somier con patas que, junto a una silla con su ropa y un cajón por velador, constituían todo su mobiliario. Le entregamos la invitación y también un ramo de claveles blancos.

Así nació su relación e inmediatamente Neruda comenzó a dejar testimonio escrito de las emociones que le provocaba. En su libro, Laura reprodujo algunos poemas que le escribió Neruda.

> "Milala. 22 de abril de 1925 [Lala llamaba el poeta a Laura Arrué]
> *Tan pequeña la niña taimada*
> *es un ramo de frutas de otoño*
> *el viento la dobla en mis brazos*

juguete de lentos metales
a sus ojos emigran los pájaros
el país desolado de mi alma
la tiene como una bandera.

También relata Laura en *Ventana al recuerdo* que conoció varias de las humildes residenciales donde vivió Neruda. Estuvo en las de las calles Echaurren, Amunátegui, Manuel Rodríguez y García Reyes. Y no dice más, pero no es difícil suponer que no siempre iba a verlo para dejarle invitaciones. En otro de los poemas que Neruda le escribió en esa época, y que Laura reprodujo en su libro, dice:

Cuando aproximo el cielo con las manos para despertar completamente
sus húmedos terrones su red confusa se suelta
tus besos se pegan como caracoles a mi espalda

Susana Sánchez, asegura:

> Cuando mi tía Lala se arrancaba a juntarse con él iba con su moño bien armado, pero a Neruda le encantaba peinarla, y cuando se juntaban le soltaba todo el pelo, diciéndole al oído cosas como "suéltate ese moño... no quiero nada apretado conmigo". Según me confidenció mi tía, Neruda era de joven muy atractivo. Era un poeta sin pudor.

La familia de Laura sabía de esta relación y se oponía terminantemente. Brunilda Bravo Arrué, madre de Susana Sánchez y prima hermana de la madre de Laura, fue la mujer que compartió este secreto con la protagonista. "Como a Lala le controlaban sus salidas, necesitaba una chaperona y esa mujer fue mi mamá" —dice Susana. "Todo le era prohibido. No había libertad para juntarse y para los padres de Laurita, Neruda era un 'juglar espantoso'."

Más tarde, Laura consiguió trabajo en una escuelita de Peñaflor y hasta allá llegaba el enamorado poeta a visitarla de improviso. Relata Laura:

> Yo vivía en casa de la familia Sandoval Carrasco y sus hijos, mis alumnos de primaria, deben recordarlo. No era fácil llegar a Peñaflor. Desde Santiago salía un tren en las mañanas, que Pablo tomaba a las ocho en punto, luego se bajaba en Malloco y seguía en un carro tirado por cuatro caballos percherones.

Así llegaba, algo cansado imaginamos, a ver a la hermosa profesora.

El amor crecía con inconvenientes y Neruda planeó huir con ella para así poder estar juntos. Ideó una fórmula que no fallaría. Le informó que llegaría a buscarla de noche y que lo esperara con sus maletas listas. Él le haría señas con las luces de un auto y ése sería el aviso de que la estaba esperando para llevársela.

El estudioso de Neruda, Hernán Loyola, cuenta que para armar su plan, el poeta tuvo necesidad de un cómplice que le manejara el auto y fuera discreto en el operativo del secuestro. Su amigo fiel fue nada menos que Eduardo Barrios, el conocido autor de *El niño que enloqueció de amor*. "Tan amigos eran —afirma Loyola— que fue Barrios quien convenció a Carlos Georges Nascimento de publicar *Veinte poemas*. No muy convencido, el editor accedió a imprimir 'ese librito de amor'."

El "rapto" de Laurita se desarrolló según lo planeado. O casi. Neruda llegó una noche a buscar a su amada a Peñaflor, y cuando llegó a la casa donde vivía le hizo el juego de luces, pero la joven, temblorosa, no se atrevió a tomar la decisión. Le dio miedo y ni se asomó. Fracasado el plan, los amigos se retiraron con su desilusión a cuestas.

Según Loyola, Barrios fue el celestino de Neruda, y esta anécdota, aunque parece irreal, es auténtica. "Me la contó la propia Laura Arrué", asegura. El investigador se divierte pensando en las aventuras del poeta a quien, en este caso, no le resultaban fácil de mantener por la distancia que debía recorrer para ver a la joven.

> Yo hablé largo con Laura Arrué —dice Loyola— y pude comprobar que el amor fue intenso. Le escribió varios poemas en *Tentativa del hombre infinito* y también le entregó un ejemplar de los *Veinte poemas* —tal como lo había hecho con Albertina Azócar y Teresa Vásquez—, pidiéndole expresamente que lo escondiera para evitar complicaciones con su familia.

Un día, Laura llegó con su prima Elenita a la residencial de calle García Reyes, donde vivía el poeta. Sucedía que la madre de Laura, nerviosa por la merecida fama de donjuán del poeta, había decidido alejar a su hija de este "peligro" y le comunicó que partirían a vivir a San Fernando. La joven Laurita no habló expresamente de su desilusión en su libro de memorias, pero es fácil imaginarse lo que debe haber significado ser trasladada sin opción a réplica. Llegó a la residencial para despedirse de Pablo y él la acompañó a la estación Alameda. Mientras estaban en la sala de espera, el poeta le dictó unas líneas:

> Cómo me costó acostumbrarme a no verte nunca.
> Apareció
> el otoño en el rincón del pueblo
> y las hojas destrozándose señalan las fechas del abandonado. Triste es la soledad. En la puerta estás tú muñeca de ojos redondos (mayo de 1925)

Laura recuerda:

> Pasaron los años (...) Pablo debía partir a la India y fue a mi pueblo para despedirse. Me entregó, para que se lo guardara, el manuscrito de *Tentativa del hombre infinito* y los retratos que le había hecho el francés Georges Sauré y que ilustrarían más tarde muchos de sus libros.

Susana Sánchez cuenta que su madre, Brunilda Bravo, acompañó a Laura a dejar a Neruda cuando partió a Oriente y que el poeta prometió escribirle mucho. Sin embargo, Laura recibió muy pocas cartas del poeta. En su libro de memorias, ella cuenta que "ya casada en Rancagua encontré algunas de estas cartas que quemé para asegurar la paz del hogar recién formado. Homero era tan celoso que... le decían 'Otelo'".

Pero la verdadera historia fue mucho más conflictiva. Según Susana Sánchez, Neruda cumplió su palabra y le escribió muchas cartas que nunca llegaron a manos de la enamorada. Sucedió que un tímido joven con vocación de poeta, amigo y admirador de Neruda, se había acercado a Laura una vez que Neruda estuvo lejos. De alguna forma aprovechó su trabajo como funcionario en Correos de Chile para esconder en un saco las cartas que Pablo le enviaba a Laura. Ese joven era Homero Arce.

Pasó el tiempo y el poeta, quien desde Ceylán ansiaba una respuesta, decidió escribirle a su amigo Homero para saber por qué Laurita no respondía. Esa misiva es una de las pocas que conservó Laura. Susana Sánchez, quien la ha guardado todos estos años, nos la facilitó para publicarla. En ella Pablo dice:

> 15, Diciembre de 1929
> Al fin una carta para ti, Homero recordado y querido. He recibido con cierta intermitencia los diarios que me has enviado y que te agradezco verdaderamente. Dios preserve tu bondad!
> (...) Querrías decirme si has visto en este último tiempo a Laurita Arrué?
> Si es así, sé un ángel y dime qué es de ella. No me escribe hace meses.
> Si no la has visto serás tan bueno como para encontrarla y escribirme con detalles lo que esté haciendo, su salud, y todos los detalles, sin necesidad de mostrar esta carta

Mientras tanto, Homero hacía su trabajo y cortejaba a Laurita. Ella, bastante indiferente todavía, mantenía ilusiones con su amor lejano, pero una noticia la desarmó. "Supo que Pablo se había casado con una holandesa en Java y decidió casarse con Homero en 1935", relata Susana. Tres o cuatro años más tarde, Laura por fin se enteró de cómo había sido engañada. Según Susana,

> un día, haciendo orden en su casa, Laurita se encontró con una tremenda sorpresa. En un saco de Correos estaban guardadas todas las cartas que Neruda le había enviado de Oriente durante cinco años. Fue tal su rabia e indignación que cuando apareció su marido, le

> gritó: "¡¿Qué significa esto?!". Homero enmudeció. Acto seguido, mi tía se sacó la argolla de matrimonio y se la tiró por la cabeza. Tomó el saco con todas las cartas y se fue.

Esa gran discusión no quedó guardada sólo entre los familiares. Aída Figueroa también lo supo y estaba al tanto del desencuentro entre Pablo y Laura:

> Homero no la dejaba salir a ninguna parte. Era muy celoso y se daba cuenta de que Laurita estaba enamorada de Pablo. Ella era una mujer muy recogida, salía poco. Después supe que años antes Laurita había encontrado en unos cajones las cartas que Pablo le había enviado y que Homero nunca le entregó. Las escondió pero no se atrevió a destruirlas.

A Susana su madre le contó que el volumen de sobres era considerable:

> Eran muchísimas cartas donde le enviaba poemas y le hablaba siempre de "sus ojos oceánicos". Cuando partió de la casa con sus cartas, se las llevó a mi mamá y ella me contó que con una botella de vino las dos fueron leyéndolas y lloraban. No podían conformarse con lo que había ocurrido.

Brunilda Bravo Arrué, acongojada con la pena de su sobrina, se la llevó a casa de sus padres para que la cobijaran y le ayudaran en su dolor. Homero, que la amaba con desesperación, pidió perdón una y otra vez y la esperó hasta que volviera. Laura, al cabo de un tiempo, efectivamente regresó a su casa.

Entretanto, Neruda permanecía ignorante de este altercado. Estaba recién casado y volvió a Chile tres años más tarde con su mujer. Con el correr de los años, y ya habiéndose establecido definitivamente en Chile, Pablo se hizo muy amigo de Homero y éste, "amaba al poeta de tal manera que era capaz de darlo todo. Le pagaba las cuentas en El Jote, en todas las farras. Se inclinó frente a Neruda porque lo consideró mejor que él como poeta", afirma Susana. Como a Neruda le agradaba su compañía y confiaba en su lealtad, lo convirtió en su secretario y le encargó el trabajo de copiar a máquina la mayor parte de los libros escritos en sus últimos veinte años. En reconocimiento a su labor, Neruda le dedicó su poema "Arce":

Aquí otra vez te doy porque has vivido
mi propia vida cual si fuera tuya,
gracias, y por los dones
de la amistad y de la transparencia,
y por aquel dinero que me diste
cuando no tuve pan

Aún después del bochorno de las cartas escondidas, Arce conservaba sus aprehensiones. Evitaba por todos los medios que su mujer se encontrara con Pablo. Según Loyola, le habría puesto la condición de que el poeta no entrara nunca a su casa. Y, al parecer, así fue.

Los años pasaron y, aparentemente, el antiguo romance se transformó en una sincera amistad, a pesar de que nunca podían verse sin que los observara Homero o, mucho después, la celosa Matilde. Pero es posible que hayan concertado algunas citas, porque en 1959 Neruda le regaló a Laura un libro suyo con la siguiente dedicatoria: "Para Laurita adoradísima y sus escondites de té".

Laura Arrué cuenta en su libro de recuerdos:

> Cuando nos reencontramos fue para mí un hombre completamente diferente al que conociera en la década del año 20. Sigo creyendo que algo en él fue invariable y creciendo con el tiempo: su amor a la poesía y su goce por la vida. Logró cuanto deseaba.

Y menciona también que pudo conocer muchas de las características y costumbres de Pablo como, por ejemplo, lo supersticioso que era. No pasaba jamás debajo de una escalera. Tampoco le gustaban los martes 13. Como la comida era su gran afición, le pedía en sus visitas que le comprara pescado o carnes.

> Neruda sólo comía filete y tenía que ser muy blando. Era notorio —dice— que tenía dificultades para masticar y de ahí su preferencia por los alimentos blandos: pescados, tallarines, filete, liebre cibet acompañados de ensaladas. Mordía golosamente el ají verde y yo le regalaba frascos de salsas de ajo.

Tanto conocía sus gustos que hasta lo calificó de "pretencioso". "En su juventud, cuando pasaba por las vitrinas, se miraba y acomodaba el sombrero y a menudo se hacía lustrar los zapatos en la Plaza de Armas."

Con los años, Laura Arrué se convirtió en la gran amiga de Laurita Reyes, hermana de Pablo. Se protegieron, se ayudaron mutuamente, e incluso pensaron irse a vivir juntas cuando ella enviudó de Arce. La noticia más triste que compartieron fue la muerte de Pablo, y la propia Laurita fue quien la llamó desde la Clínica Santa María, para contarle la partida de su hermano.

Ese día, amén de la tristeza por la muerte del poeta, se produjo el quiebre definitivo entre Matilde y Homero Arce. El conflicto se agudizó a raíz de que la viuda acusó al secretario de Neruda de haberle sustraído 200 dólares al poeta en la Clínica Santa María. No sólo lo acusó, sino que además citó a connotados escritores, como Diego Muñoz y Francisco Coloane, para contarles del supuesto robo. Indignada, además le arrebató las Memorias que estaba terminando de transcribir. Su plan era evitar que Arce las editara.

El desesperado Homero llegó destrozado a su casa y le contó a Laurita lo ocurrido. Los amigos de Pablo sabían que eso no era verdad. Para defender su honra, Homero envió una carta a todos los escritores que Matilde había citado y así poder contarles lo que realmente sucedió. Laura Arrué, por otra parte, escribió de su puño y letra la versión de los hechos.

A continuación reproducimos esta carta inédita y sorprendente que también nos facilitó Susana Sánchez Bravo:

> El día 23 llegó Homero después de las 8 de la Clínica Santa María diciéndome: P. *(Pablo)* está muy mal. Laurita *(su hermana)* estaba sentada a la cabecera de su cama. Pablo tenía los 2 brazos levantados, en uno se le colocaba suero y en el otro transfusión de sangre. Le dijo: "Homero, saca mi billetera debajo de mi almohada". Homero lo hizo, entonces Pablo le dijo: "Ahí hay 200 dólares que son para ti" (le había ofrecido 400 dls. por su trabajo en las Memorias, único pago que le haría en su vida).
>
> Homero le contestó, sin abrir la billetera. "No Pablito, mañana hablamos de eso" y colocó la billetera sin abrirla debajo de su almohada. Pablo quedó muy molesto.

> Los escritores que oyeron de labios de la viuda esta calumnia fueron: Diego Muñoz, Pancho Coloane, Gonzalo Drago y Víctor Franzani. Creo no olvidar algún otro nombre.
> Grecia, viuda de Franzani me va a hacer entrega de la carta de Homero a él con este motivo.
> Matilde había ido al juzgado del Tabo a demandar a Laurita (se refiere a Laurita Reyes) por un robo de un maletín con joyas y dólares (allá pueden ver la demanda me decía Laurita). Menos mal que el juez le dio el favor a Laurita haciéndole justicia.
> (...) M *(Matilde)* obligaba a L *(Laura Reyes)* a venirse de Francia. Pablo se opuso."

Así termina la carta de Laura Arrué donde además cuenta sobre la grave acusación que hizo Matilde en París contra la hermana de Pablo, acusándola de un robo que no se pudo probar. Tanto Laurita Reyes como Homero Arce eran las personas más cercanas e incondicionales a Neruda, razón por la que Matilde no los quería cerca. Su forma de tener control absoluto sobre el poeta era alejando a estos personajes de su lado.

Después de casi veinte años de la muerte de Laurita Arrué, Susana Sánchez nos reveló la verdadera magnitud de este amor que permaneció en la sombra por tantos años. La sobrina nieta consideró indispensable rescatar a Laura del olvido como una de las musas importantes de la juventud de Neruda.

Susana cree que el amor de Laura nunca fue realmente superado y que Homero Arce pagó un precio muy alto por su intervención: "Yo creo que después de todo lo que pasó, Laurita decidió negarle a Homero la posibilidad de tener un hijo. Mi mamá siempre decía que no los tuvo porque simplemente no quiso".

¿Cree que este amor con Neruda se realizó sexualmente? Sí, absolutamente, y por cosas que me ha dicho mi madre, creo que mi tía Lala se embarazó de Neruda y perdió hijos. Yo creo que los perdió porque tuvo que abortarlos. Una de mis tías que se espantaba con todo esto me comentó: "A la Laurita le gustaba andar en malos pasos". Mi tía era una maestra de una escuela normal, titulada, y no podía dar ese ejemplo a su familia ni a la gente de su clase. Es curioso, pero Albertina Azócar tampoco tuvo hijos con Ángel Cruchaga, sólo adoptó a uno muchos años después. Teresa Vásquez no tuvo descendencia y se casó a los 45 años.

¿Y por qué cree que pasó eso? Creo que esas musas de los *Veinte poemas* se quedaron congeladas en una juventud que se alargó. Se quedaron en una espera juvenil y sin hijos. Siempre ilusionadas... Es que Neruda era tremendo. Era un "deshacedor de mujeres", como decía mi mamá.

¿Crees que Neruda fue un gran amante? Sí, además de sensible, era partidario de cabalgar la ola juntos, que no era muy normal en ese tiempo. En esa época eran ellos los que gozaban y no las mujeres. En cambio, a Neruda le gustaba hacer el amor en dupla, tenía el lado femenino bien desarrollado.

¿Fascinante como hombre? Así parece, por lo que mi tía contaba. Además, ella decía que él podía ser hombre e hijo al mismo tiempo, porque extrañaba mucho la ausencia de su madre. Las hacía sentirse madres y mujeres. Creo que eso se relaciona con la razón por la que ellas no tuvieron hijos. Ésa es mi teoría.

Los estudiosos dicen que los Veinte poemas *son para Albertina Azócar, para Teresa Vásquez, para María Parodi, pero nadie nombra a Laura Arrué, siendo ella contemporánea.* Yo creo que hubo un acuerdo tácito con Homero de no mencionarla, pero Neruda le entregó a Laurita los originales de los *Veinte poemas* escritos de su puño y letra, y ella me dijo que se los había dedicado.

¿Le comentó Laurita de algún otro poema famoso inspirado en ella? Creo que la *Canción desesperada* era para mi tía Lala. No me parece que estuviera inspirado en Teresa Vásquez, porque habla de un amor que no termina. Con las demás mujeres cerró etapas y con ella no cerró nunca nada.

¿Qué le comentaba Laurita en relación a este amor tan profundo? Decía: "Amé a Pablito un tiempo corto y violento". Afirmaba que era un amor secreto y que tenían una amistad elevada a extremos exquisitos.

¿Por qué Matilde detestaba tanto a Homero? Ella lo odiaba porque Homero siempre estuvo muy cerca de Pablo. Era incondicional y Neruda lo quería mucho. Matilde sentía celos porque quería tener un poder hegemónico sobre Pablo. Decía que Homero era un alcahuete porque protegía a Laurita y más tarde facilitó los encuentros de Pablo con Alicia Urrutia, su última musa. Matilde era despótica a morir, muy despectiva. Un día, para un cumpleaños, llegaron Homero y Laurita invitados a Isla Negra. Pablo se puso muy contento y le dijo a Matilde: "¡Mire quién ha llegado a vernos! ¿Por qué no les damos un vinito para celebrar?". Mi tía Lala me contó que ella le respondió furiosa: "¡Sáquela usted, su mierda!".

¿Pero por qué tantos celos con Laurita si ya habían pasado tantos años? Porque las historias de amor truncas son de una

potencia tremenda. Tienen la capacidad de echar a correr la fantasía, de rebobinarlo todo en un segundo.

¿Ella lo recordaba a menudo? A mí me sorprendió cuando volví del exilio en los años 80, de Suecia, que a cada rato decía: "¿Qué diría Pablito de tal o cual cosa?". No se olvidaba de él y Homero lo sabía, obviamente.

¿Qué pasó finalmente con las cartas de Oriente? Homero decidió quemarlas y ella sólo pudo conservar unas cuatro o cinco y una de ésas me la leyó a mí. Debe haber sido la menos apasionada de todas.

¿Nunca se resignó? La impresión que yo tuve es que mi tía Lala tomó este amor y lo metió en otra dimensión de sí misma y, gracias a eso, nunca envejeció. Era una especie de Penélope. En la dimensión real, cotidiana, se preocupaba de su marido. Hacía rituales y era una especie de sacerdotisa o una monja. Después de que enviudó, todos los días a las seis de la tarde se sentaba al lado de un jazmín donde había echado las cenizas de Homero y ahí lo acompañaba. Fue siempre una persona muy contenida. Homero siempre estuvo atado a ella porque nunca pudo poseer esos espacios secretos que guardaba.

¿Cómo murió Homero? Después de la muerte de Pablo, agentes del régimen militar lo detuvieron y le pegaron en la cabeza violentamente. A causa de esos golpes sufrió después un derrame cerebral y murió alrededor de 1974.

¿Y Laura? Murió trágicamente en el invierno de 1986. Era el tiempo de los apagones en el gobierno militar. Ella estaba leyendo con una vela y se cree que se levantó a apagar una estufa.

Al hacerlo, se dio vuelta la vela e incendió su camisa de dormir. Ella se inmoló en vida y murió convertida en una hoguera. Esto fue lo que le contó a mi mamá un estudiante que le arrendaba una pieza. Cuando sintió unos gritos desesperados acudió en su ayuda pero ya era demasiado tarde. Laurita, envuelta en llamas, estaba muy quemada. Él trató de apagar el fuego cubriéndola con una frazada pero murió en el curso de la noche.

5

Josie Bliss
La pantera birmana

Neruda no logra olvidar a Albertina Azócar a pesar de su alternancia con Laura Arrué y Vicha Vidal. Su condición de poeta en los años 20 le había dado cierta popularidad local, pero la vida cultural de Chile dependía mucho de lo que ocurría en Europa. Por eso, por ejemplo, Vicente Huidobro se trasladó a vivir a París y, como él, otros aspiraban a lo mismo.

Neruda necesitaba un cambio radical. La oportunidad de tenerlo le llegó a través de un amigo que le presentó al jefe de un departamento en el Ministerio de Relaciones Exteriores. Éste lo recibió con simpatía, ya que conocía sus versos, pero pasaron dos años sin que el atento diplomático encontrara un cargo disponible para el poeta.

La suerte de Neruda dio un vuelco cuando logró tomar contacto con el embajador Bianchi —según relata en *Confieso que he vivido*—, quien lo llevó a ver al ministro de Relaciones Exteriores. "¿Qué puestos están vacantes en el servicio?", le preguntó Bianchi a un funcionario. Le dieron varios nombres de lugares desconocidos, pero el poeta logró retener sólo uno: Rangún. Jamás había escuchado tantas ciudades perdidas en el mapa. "¿Adónde quiere ir, Pablo?", le habría dicho el ministro, y él, sin vacilar, respondió: "a Rangún", no sabiendo que se trataba de la capital birmana, en ese entonces un territorio colonial británico. Según relata Neruda en *Confieso que he vivido*, el ministro inmediatamente ordenó: "Nómbrelo", y el decreto fue emitido ese mismo día. Lleno de euforia partió a Buenos Aires y se embarcó en el *Baden* en junio de 1927 con rumbo a Europa, ignorando lo que el destino le depararía en esas tierras lejanas. Iba acompañado de su amigo Álvaro Hinojosa.

Su poesía en Oriente no refleja otra cosa que soledad. Neruda se sentía un trasplantado en un ambiente extraño y desconocido. Su vida como cónsul era pobre y solitaria. Nada se asemejaba a su tierra natal. No tenía amigos. Los funcionarios ingleses literalmente le daban la espalda, condenándolo a un ostracismo social. Es en ese contexto donde nació la relación afectiva con la mujer que él denominaría más adelante la "pantera birmana".

"De ella no sabemos ni siquiera su verdadero nombre —dice Edmundo Olivares en su libro *Pablo Neruda: por los caminos de Oriente*. Era común entre los ingleses adoptar nombres cortos y sonoros —de cuño anglosajón— para los nativos. Eso facilitaba las relaciones interpersonales, fueran de negocio o del servicio doméstico."

Neruda la recuerda así en sus memorias:

> Me adentré tanto en el alma y la vida de esa gente, que me enamoré de una nativa. Se vestía como una inglesa y su nombre de calle era Josie Bliss. Pero en la intimidad

> de su casa, que pronto compartí, se despojaba de tales prendas y de tal nombre para usar su deslumbrante *sarong* y su recóndito nombre birmano.

Neruda, nostálgico y solitario, se volcó hacia esa mujer exótica y de gran erotismo. Ella se transformó en una amante-intérprete entre el poeta sudamericano y la cerrada sociedad anglo-birmana. Según cuenta Margarita Aguirre en su libro *Las vidas de Pablo Neruda*, el idilio duró sólo unos meses. El poeta no tenía una vida precisamente tranquila con la misteriosa nativa, y así lo dice en *Confieso que he vivido*:

> La dulce Josie Bliss fue reconcentrándose y apasionándose hasta enfermar de celos (...) tal vez yo hubiera continuado indefinidamente junto a ella. Sentía ternura hacia sus pies desnudos, hacia las blancas flores que brillaban sobre su cabellera oscura. Pero su temperamento la conducía hasta un paroxismo salvaje. Tenía celos y aversión a las cartas que me llegaban de lejos; escondía mis telegramas sin abrirlos; miraba con rencor el aire que yo respiraba (...) A veces me despertó una luz, un fantasma que se movía detrás del mosquitero. Era ella, vestida de blanco, blandiendo su largo y afilado cuchillo indígena. Era ella paseando horas enteras alrededor de mi cama sin decidirse a matarme. "Cuando te mueras se acabarán mis temores", me decía. Al día siguiente celebraba misteriosos ritos en resguardo a mi fidelidad.

Según el estudioso Hernán Loyola,

> los meses vividos junto a Josie Bliss significaron para Neruda una violenta toma de contacto con su propio

> cuerpo. Comienza a reconocer su sexualidad. Josie Bliss fue tan importante —recalca— que es la única mujer, aparte de Matilde, que ha puesto a Neruda al borde de un cambio radical en su poesía. Sola le hace el peso a todas las Albertinas, Teresas y Lauras Arrué.

¿Quién era realmente Josie Bliss, esa mujer peligrosa y enigmática que estuvo a punto de matarlo? Sólo sabemos de ella lo que Neruda ha querido recordar. ¿Cuál era su verdadero nombre, "su recóndito nombre birmano"? Neruda no lo transcribe, concluye Loyola. En el poema "El joven monarca", de *Residencia en la Tierra*, claramente habla de su intenso amor por ella:

> *Sí, quiero casarme con la más bella de Mandalay, quiero encomendar mi envoltura terrestre a ese ruido de la mujer cocinando, a ese aleteo de falda y pie desnudo que se mueven y mezclan como viento y hojas.*
> *(...) Su enrollado cabello negro entonces beso, y su pie dulce y perpetuo: y acercada ya la noche, desencadenado su molino, escucho a mi tigre y lloro a mi ausente.*

En las cartas que dirigía a su hermana Laura y a su amigo, el cuentista argentino Héctor Eandi, nunca mencionó a su amante. Nadie sabía de ese amor tormentoso, nadie sospechaba que cuando habla de la "Maligna" en "Tango del viudo" se refiere a Josie.

Sus otros amores de juventud han quedado atrás, con excepción de Albertina Azócar. Sin embargo, Edmundo Olivares coincide con Hernán Loyola en cuanto a la relevancia de la amante birmana en la obra de Neruda. Afirma que

> ninguna de las otras mujeres alcanza la gravitación que tiene Josie Bliss en los versos de *Residencia*. En el conjunto de la obra de Neruda, no son muchas las mujeres que dan lugar a una evocación poética reiterada a través de muchos años... Esta dulce-salvaje mujer será la misma que le amenace de muerte cuando un día, envenenada por los celos, evolucione de fiel esclava a una perturbadora "terrorista amorosa".

Neruda, enamorado pero afligido, respiró tranquilo al recibir un mensaje donde se le comunicaba su traslado de Birmania a Ceilán. Preparó su huida en secreto. No sacó ni un libro de su casa hasta que llegó el barco que lo llevaría lejos al nuevo destino. Se fue con lo puesto.

En sus memorias lo recuerda así:

> Dejaba a Josie Bliss, especie de pantera birmana, con el más grande dolor. Apenas comenzó el barco a sacudirse en las olas del golfo de Bengala, me puse a escribir el poema "Tango del viudo", trágico trozo de mi poesía destinado a la mujer que perdí y me perdió.

> *Oh Maligna, ya habrás hallado la carta, ya habrás*
> *llorado de furia,*
> *y habrás insultado el recuerdo de mi madre*
> *llamándola perra podrida y madre de perros,*
> *ya habrás bebido sola, solitaria, el té del atardecer*
> *mirando mis viejos zapatos vacíos para siempre*
> *(...) Enterrado junto al cocotero hallarás más tarde*
> *el cuchillo que escondí allí por temor de que me*
> *mataras*

Pero la historia con Josie no terminó ahí. Neruda, ya instalado en Ceilán, recibió una sorpresa que también relata en *Confieso que he vivido*:

> Inesperadamente, mi amor birmano, la torrencial Josie Bliss, se estableció frente a mi casa. Había viajado hasta allí desde su lejano país. Como pensaba que no existía arroz sino en Rangoon, llegó con un saco de arroz a cuestas, con nuestros discos favoritos de Paul Robeson y con una larga alfombra enrollada. Desde la puerta de enfrente se dedicó a observar y luego a insultar y agredir a cuanta gente me visitaba, Josie Bliss consumida por sus celos devoradores, al mismo tiempo que amenazaba con incendiar mi casa. Recuerdo que atacó con su largo cuchillo a una dulce muchacha inglesa que vino a visitarme. (...) Por fin un día se decidió a partir.

Aliviado por la decisión de Josie, el poeta la acompañó al barco y ella, en un arrebato de dolor, lo abrazó y llenó su cara de lágrimas.

Neruda recuerda así esa trágica despedida:

> Como en un rito me besaba los brazos, el traje y, de pronto, bajó hasta mis zapatos, sin que yo pudiera evitarlo. Cuando se alzó de nuevo, su rostro estaba enharinado con la tiza de mis zapatos blancos. No podía pedirle que desistiera del viaje (...) pero mi corazón adquirió allí una cicatriz que no se ha borrado.

En esa época, Neruda había terminado la primera parte de *Residencia en la Tierra*, pero su trabajo era lento. La soledad se le hacía cada vez más difícil.

Hernán Loyola, luego de un exhaustivo estudio a la obra de Neruda, estableció que Josie Bliss es la misma mujer que motiva "La noche del soldado", "Juntos nosotros", "Diurno doliente", "El joven monarca" y, por cierto, "Josie Bliss", el último poema de *Residencia en la Tierra*. El mencionarla con nombre y apellido es, a su juicio, el homenaje más grande que —en código de comportamiento poético— se le puede hacer a una persona.

El amor perdido lo hace escribir más adelante otros tres poemas. Ellos son "La desdichada" (*Estravagario*, 1958), "Amores: Josie Bliss (I)" y "Amores: Josie Bliss (II)" en *Memorial de Isla Negra*.

Es curioso, pero cuando conoce a Matilde Urrutia y se desata esa pasión clandestina en Europa, el poeta utiliza un lenguaje similar a la atmósfera de peligro y seducción que desarrolló durante su relación con Josie Bliss. En *Los versos del Capitán*, en el poema "El tigre", le dice:

Te acecho entre las hojas
anchas como lingotes
(...)

Desnuda te sumerges.
Espero.

Entonces en un salto
de fuego, sangre, dientes,
de un zarpazo derribo
tu pecho, tus caderas.

¿Hay alguna semejanza entre Josie Bliss y Matilde?, preguntamos a Jorge Edwards.

> Puede ser. Matilde era una mujer liberal, exótica, de pelo rojo. Josie, obviamente era primitiva, muy atractiva físicamente. Le hacía comidas birmanas a Neruda y también unos sahumerios y ceremonias de magia. Matilde, en cambio, no era supersticiosa, pero tenía una cosa salvaje. Algo indómita.

Hernán Loyola coincide. "Creo que hay afinidad entre ambas y Pablo encuentra en ellas una satisfacción erótica profunda. No eran mujeres intelectuales y literarias."

Lo que Neruda buscó en Jossie lo encontró en Matilde. Ambas fueron amores imposibles que se desarrollaron de diferentes maneras. Jossie, con sus costumbres orientales, estaba muy lejos de los gustos ancestrales del poeta. Matilde, en cambio, tenía sus raíces en Chile. Era chillaneja. Sabía agradar a Pablo con una cocina que le resultaba muy placentera y también consiguió con él la plenitud sexual.

Edmundo Olivares comenta que en *Estravagario* vuelve a aparecer Josie Bliss como una figura doliente, extraviada en las soledades de Birmania, desaparecida y muerta, negada y mal correspondida por su amante occidental: *La dejé en la puerta esperando/ y me fui para no volver/ No supo que no volvería.* (De "La desdichada".)

Pasaron los años y no llegaba el olvido. En 1964, cuando apareció *Memorial de Isla Negra*, volvió con fuerza el recuerdo de la joven birmana, con tanta fuerza como las musas inspiradoras de los *Veinte poemas*, Albertina Rosa Azócar y Teresa Vásquez. Neruda se la imagina muerta: *Ahora tal vez/ reposa y no reposa/ en el gran cementerio de Rangoon.* (De "Amores: Josie Bliss (I)".)

La escritora Sara Vial, fiel amiga de Neruda, recuerda que Pablo no podía olvidarla. En una de esas muchas tardes cuando se juntaban a conversar, le habló de Josie Bliss. "Repetía su nombre como una canción adormecida, que lo despertaba, desgarrándolo", dice en su libro *Neruda en Valparaíso*. "Me habló de ella como de un drama, como de una herida que causó y se causó al abandonarla."

"Tuve que dejarla; de otro modo me habría matado, habría matado a cualquiera de mis inocentes amigas", le confidenció.

"No podría reproducir esa intimidad dolorosa de algunos minutos, en la que sentí al hombre enamorado de una mujer, no de un recuerdo", dice Sara Vial.

Pablo comentó dolido: "La quería, ¡pero qué podía hacer, éramos tan lejanos! Tuve que huir".

En *Memorial de Isla Negra* también habla de su separación:

Yo me fugué de la deshabitada.
Huí como inasible marinero
(...)

Josie Bliss me alcanzó revolviendo
mi amor y su martirio.

Lanzas de ayer, espadas del pasado!

—Soy culpable, le dije
a la luciérnaga.

Y me envolvió la noche.

(De "Amores: Josie Bliss (II)")

Interpretaciones

Aída Figueroa, directora de la Fundación Neruda y gran amiga del poeta, tiene una interpretación distinta de lo que significó Josie Bliss.

> No dudo de que fuera un gran amor. Lo que dudo es que ella haya tratado de matarlo y que por esa razón Pablo decidiera huir. La imagen del cuchillo es para mí sólo una metáfora. Creo que el gran miedo de Pablo no es a una agresión física, es algo mucho más complejo. Él temía que, si se quedaba en Rangún, iba a morir el poeta. No iba a evolucionar. Él fue un hombre que siempre se exigía mucho y en ese contexto de soledad, no podía progresar.

El solitario cónsul comenzaba a cansarse. "Eso de ir de cama en cama, de niña en niña, de nativa, mulata o inglesa, lo daña por dentro y lo satura de hastío. Su gran pasión es la creación literaria", dice Volodia Teitelboim en *Neruda.* Y a su amigo Héctor Eandi, Neruda le escribe: "Quiero también casarme, pero pronto, mañana mismo, y vivir en una gran ciudad. Son mis únicos deseos persistentes; tal vez no podré cumplirlos nunca".

También quiere irse a Europa y publicar en España. Su amigo Rafael Alberti le ayudará a publicar su doloroso libro nacido en Oriente: *Residencia en la Tierra.*

En 1930 es trasladado desde Ceilán a Java y Malasia. No tardó mucho tiempo en conocer a María Antonieta Hagenaar, una joven javanesa de descendencia holandesa con quien rápidamente se comprometió en matrimonio.

6

María Antonieta Hagenaar
Un matrimonio equivocado

El matrimonio Neruda-Hagenaar no fue feliz. Da la impresión de que fue una equivocación de principio a fin, en la que está inserta una oscura historia en la vida del poeta. Oscura porque esa unión se realizó más por soledad que por amor.

Nacida el 5 de marzo de 1900, María Antonieta Hagenaar era una joven alta y rubia, de modales solemnes, cuya familia holandesa se había radicado en la isla de Java, que en ese entonces era un territorio colonial de Holanda. Su padre —Richard Pieter Fedor Hagenaar— se había arruinado por malos negocios y toda la familia sufría este mal pasar. No se sabe si fue una consecuencia del quiebre económico del año 1929 u otra razón. Edmundo Olivares dice que los Hagenaar deseaban ver bien casada a su hija, y a los ojos de la joven, este cónsul era un buen partido. Se conocieron jugando al tenis, deporte que casualmente los fue uniendo en una relación que nunca tuvo un verdadero compromiso amoroso, al menos para Neruda.

Las razones que ambos tuvieron para casarse eran, ciertamente, más cercanas a la conveniencia que al amor. Por un lado, María Antonieta ya bordeaba los 30 y en esos años no había en Java muchos hombres solteros, la mayoría de los varones eran enviados desde Holanda ya casados y generalmente con hijos; de este modo se preservaba la tranquilidad social en la calurosa colonia. Por otro lado, para Neruda el matrimonio era una buena solución a su vida errante. La soledad en Oriente se le había vuelto insoportable. No había resultado su amor con Albertina y tampoco era posible su pasión con Josie Bliss. El escritor Edmundo Olivares resume en una frase la real situación de las tres musas que coexistieron en esa época de Oriente. "Josie Bliss ha sido la mujer que no pudo ser... Albertina Rosa, la mujer que no quiso ser... María Antonieta Hagenaar, la mujer que no debió ser."

Seguramente, María Antonieta se ilusionó e imaginó que su futuro podría mejorar bajo el alero de la diplomacia. El mismo Edmundo Olivares, en *Pablo Neruda: los caminos de Oriente* relata que el poeta la cortejó entre julio y noviembre de 1930 y el 6 de diciembre se casaron. Neruda tenía 26 años de edad. María Antonieta era cuatro años mayor.

La noticia se supo en Chile sorpresivamente por una carta que Neruda envió a su padre, don José del Carmen Reyes. En parte de ella dice:

> Mi deseo fue comunicarle a usted mi decisión de casarme, y esperar su consentimiento, pero debido a numerosas circunstancias, nuestro enlace se verificó mucho antes de la fecha en que pensábamos. Pienso que, aunque así haya sido, y si usted y mamá hubieran tenido la suerte de conocer a la que hoy es mi mujer, se sentirían tan orgullosos de ella como yo lo estoy, y

la querrán tanto como yo la quiero. Para mí ella reúne todas las perfecciones, y somos enteramente felices (...) Desde ahora no tendrán ustedes la inquietud de saber que su hijo está solo y lejos de ustedes ya que tengo a alguien que esté conmigo para siempre (...) Envío a usted y mamá algunas fotografías de nuestra boda. Mi mujer es un poco más alta que yo, rubia y de ojos azules. Como yo no hablo todavía el holandés, ni ella el castellano, nos entendemos en inglés... Somos pobres pero felices. María tiene muy buen carácter, y nos entendemos a las mil maravillas.

El primer tiempo del matrimonio fue tranquilo y nada hacía presagiar un fracaso. Incluso Neruda le pidió a su amigo Ángel Cruchaga que publicara en Chile una foto del día del matrimonio en la revista *Zig-Zag* y le envía un retrato de él luciendo un traje blanco y María Antonieta tomada de su brazo vestida de novia, con un gran ramo de flores en la mano. "Esto es para complacerla", decía más adelante en la carta.

A su amigo Héctor Eandi le escribe también para darle la noticia.

Java, enero 31
No más solo! Querido Eandi: Me he casado hace un mes. Voy a contestar pronto sus cartas, perdóneme unos días. Saludos de mi mujer y míos.
Pablo

En otra carta, que data del 5 de septiembre de 1931, le cuenta:

Mi mujer es holandesa, vivimos sumamente juntos, sumamente felices en una casa más chica que un dedal.

> Leo, ella cose. La vida consular, el protocolo, las comidas, smoking, fracs, chaqués, uniformes, bailes, cocktails, todo el tiempo, un infierno. La casa es un refugio pero los piratas nos rodean. Rompemos el sitio y huimos en automóvil, con termos y cognac y libros hacia las montañas y la costa. Nos tendemos en la arena, mirando la isla negra, Sumatra, y el volcán submarino Krakatau.
> Comemos sandwichs (*sic*). Regresamos. No escribo. Leo a Proust por cuarta vez. Me gusta más que antes.

Así va transcurriendo su vida en Java. Está tranquilo y sin sobresaltos. Tampoco se le observa demasiado feliz. Ya va sintiendo una rutina que lo corroe.

En otra carta que le escribe a su hermana Laura supone, por el silencio de su familia, que su padre ha tenido una mala reacción al enterarse de su inesperado matrimonio.

> Seguramente el caballero se ha enojado por mi casamiento, no sé como agradarles a ustedes. Deben alegrarse de que me haya casado, no sólo por lo buena que es mi mujer, sino también por lo triste que es la vida de un hombre solo en estos países. No les avisé antes porque nos casamos repentinamente, los tiempos han cambiado y no hay para qué asustarse de eso.

Al año de matrimonio ya existía incomunicación en la joven pareja y no se conocen muchos detalles de cómo iba transcurriendo la vida. Se sabe que las penurias económicas martirizaron al poeta y no hubo inspiración para escribirle poemas a esta mujer que lo acompañaba dignamente. Mucho después, en *Confieso que he vivido*, Neruda sólo haría una pequeña alusión al origen de su esposa y su decisión de casarse:

> Mi soledad se redobló. Pensé en casarme. Había conocido a una criolla, vale decir holandesa con una gotas de sangre malaya, que me gustaba mucho. Era una mujer alta y suave, extraña totalmente al mundo de las artes y de las letras. (Varios años más tarde, mi biógrafa y amiga Margarita Aguirre escribiría, acerca de aquel matrimonio mío, lo siguiente: "Neruda regresó a Chile en 1932. Dos años antes se había casado en Batavia con María Antonieta Hagenaar (...) Ella está muy orgullosa de ser la esposa de un cónsul y tiene de América una idea bastante exótica. No sabe el español y comienza a aprenderlo. Pero no hay duda de que no es sólo el idioma lo que no aprende. A pesar de todo, su adhesión sentimental a Neruda es muy fuerte, y se les ve siempre juntos. Maruca, así la llama Pablo, es altísima, lenta, hierática.")

Cuando llevaba poco más de un año casado con Maruca, Neruda recibió en Java una inesperada visita. Se trataba de la periodista Elvira Santa Cruz, directora de la revista infantil *El Peneca* y conocida por el seudónimo de Roxane. Llegó en un crucero a pasar unos días de descanso y luego escribió para *El Mercurio* un interesante testimonio de lo que fue ese encuentro. Uno de los artículos fue publicado el día 3 de enero de 1932 y dice:

> Anclamos en Tandjong Priork, puerto principal de Java, situado a seis millas de Batavia. Desde la ventanilla de mi camarote veo levantarse el sol entre una inmensa

selva (...) Llego atrasada al comedor y encuentro a mis madrugadoras compañeras conversando con un chileno: Pablo Neruda. Sí, el poeta excelso, el poeta de renombre español y americano nos da la encantadora sorpresa de su presencia. Se ha casado recientemente con una linda javanesa de origen holandés. (...) "Maruca de Reyes —dice la esposa de Pablo—, ése es mi nombre" (…) Pablo Neruda insiste en que abandonemos el itinerario de turismo y nos conduce a Batavia. (...) Al fin solos —podemos decir—, al fin entre chilenos y hablando nuestro idioma. Las seis millas que nos separan de Batavia se abren camino entre río navegable para sampanes y pequeños vapores y la jungla húmeda, enmarañada y malsana. "Jungla traidora —dice Neruda con nostalgia—, quien se recuesta bajo su sombra debe temer la picadura del insecto, el veneno del reptil o la urticaria de sus árboles. En Chile la naturaleza es madre, no enemiga."

De visita en la casa del cónsul-poeta, Elvira Santa Cruz la describe de esta manera:

La casa de Pablo Neruda está en Weltebreden; sólo dos habitaciones son cerradas (...) y tienen pequeños agujeros en los muros para que los pájaros hagan allí sus nidos. Nido de amor es aquella minúscula vivienda del cónsul.

También cuenta que Neruda le comentó sobre la agitada vida social que debe cumplir por su rango consular:

Los holandeses son buenos colonizadores —dice Pablo. El gobernador general tiene el rango de virrey. Las

> ceremonias son las de una corte real y por consiguiente nuestras obligaciones diplomáticas son costosísimas. Nadie se imagina la intensa vida social que hay en ese país...

Luego Santa Cruz publicó otro artículo donde describe con exactitud el sitio en que viven Pablo y Maruca. Lo titula "El ritmo de Oriente" y en él menciona que el poeta ha oficiado de guía turístico.

> Pablo Neruda nos habla de la vida paradisíaca de los javaneses (...) En automóvil salen fuera de la ciudad para visitar el jardín Zoológico y el Parque Botánico. Todo es descomunal aquí, los árboles, las plantas trepadoras, las orquídeas de cientos de formas y colores.

También habla del intenso calor, de las lluvias que se suceden una tras otra, de los arrozales golpeados por el viento, del miedo supersticioso ante la oscuridad de la jungla. Y paralelo a la exuberancia de la naturaleza, describe la noche en la ciudad, los grandes y lujosos hoteles, los clubes y cabarets donde se divierten los europeos admirando danzas exóticas, bailes y celebraciones callejeras. "La gente acoge la noche como compañera de orgías, sin pensar en el demonio de la carne ni en la concupiscencia de los ojos", dice.

La observadora periodista transmite la mejor impresión del joven matrimonio y no ahorra palabras de elogio para María Antonieta: "Maruca pone en la conversación la gracia de sus balbuceos en lengua castellana, como un chico que comienza a hablar. La linda javanesa tiene una cultura vastísima y sirve de secretaria al poeta". Y se atreve a asegurar: "El matrimonio parece feliz y quizá lo sea".

Disfrutaban de un tiempo de bonanza que, por desgracia, no hubo de durar mucho más. Vendrían dificultades económicas. Un obligado regreso a Chile. El comienzo de un cierto distanciamiento como pareja. Sin embargo, a comienzos de la década del 30 Neruda vivía al fin en paz. En cartas a su hermana Laura se muestra optimista y satisfecho, le cuenta que ha engordado. Tiene ganas de ir a Europa pero están sin dinero. Al fin decide viajar a Chile y llega a Temuco, a presentar a su flamante esposa.

El telegrama anunciando la llegada de Pablo y Maruca le llegó con retraso a Laurita y ella estaba asomada a la ventana de su casa cuando vio que comenzaban a bajar maletas de un coche. El matrimonio estuvo apenas una semana visitando a la familia Reyes, pero don José del Carmen los recibió fríamente. Todavía no aceptaba tener un hijo poeta que ahora además llegaba casado con una extranjera. Distinta fue la reacción de la mamadre, con quien Maruca estableció lazos que se fueron acrecentando a lo largo de los años.

En Chile, Neruda se encontró con sus queridos "veteranos", con la "conekita" —su hermana Laura— y su hermano Raúl. Con Maruca, que aún no hablaba ninguna palabra de castellano, se instalaron en Santiago, donde vivían pobremente en una pensión cercana al Congreso. Su trabajo estable lo desempeña en el Ministerio de Relaciones Exteriores y realiza también algunos menesteres en el Ministerio del Trabajo. En esa época logró publicar la primera edición de *El hondero entusiasta*.

Mientras tanto, Maruca trataba de cultivar sus relaciones con la familia Reyes. En una carta del 2 de mayo de 1932, le escribió a Laurita sus impresiones sobre Santiago en un lenguaje bastante "agringado" porque todavía no logra dominar el idioma.

> Ahora estamos en el pensión Santo Domingo 736, cual es muy bueno y barato, pagamos para dos personas 400 pesos. El cuarto es muy grande (...) Me gusta mucho Santiago, qué gran ciudad! El clima es muy bueno, no tan frío como Temuco. Recuerdo siempre los días tan felices en su casa con toda la familia. Cómo están la Mamá, el Papi, Raulito, Rodolfo... y ud, Konejita (...)
> Muchos abrazos para todos, también de
> Ricardo y su Maruca.

En otra carta, recopilada por Bernardo Reyes para su libro *Neruda. Retrato de familia*, fechada el 14 de abril de 1933, le dice a Laura:

> En *El Mercurio* saldrá una entrevista a mi Pablito Nerudita. Él está trabajando en el Ministerio de Relaciones con 400 pesos, lo justo para pagar la pensión. Es muy poco y no podemos comprar vino y uvas, pero es una ocupación transitoria, en espera de algo mejor. Estamos buscando una casita barata o departamentos con baños (...) el baño es muy malo y vamos a baños públicos y pagamos cada vez 4.40 p. para nosotros.

Aunque el poeta se sentía diferente, más sereno y acompañado, la miseria era grande y afectaba al matrimonio. Además, Pablo no había olvidado a Albertina Azócar. Intentó encontrarse con ella. Le escribió contándole de su reciente matrimonio y pidiéndole que viajara a Santiago para verla nuevamente, pero no se sabe si ella acudió a esa cita. No fue lo único que intentó retomar Neruda, también recuperó las noches de bohemia en el Hércules, el Jote y el Alemán, de la calle Esmeralda, donde volvió a compartir con sus amigos de antaño. Volodia Teitelboim relata en su libro que Maruca lo esperaba en el balcón de su pieza hasta altas horas de la madrugada. El escritor Diego Muñoz lo confirma. Cuenta que después de una noche de juerga acompañó a Neruda hasta la pensión alrededor de las tres de la madrugada y recuerda haber visto en el balcón del tercer piso a Maruca: "Seguramente esperaba ahí desde tempranas horas". Ella no participaba de sus andanzas. Poco tenían ya en común.

El 25 de agosto de 1933 Neruda comunicó a su padre que había sido designado en un puesto del Consulado de Buenos Aires, pero el gobierno que aprobó su nombramiento no le había dado dinero para los pasajes. Acudió entonces a una viuda muy apetecida, Amalia Alviso, quien le prestó mil pesos para pagar el viaje. Ya instalado en Buenos Aires conoció al cónsul general, don Sócrates Aguirre, padre de Margarita Aguirre, quien sería después su biógrafa, secretaria y confidente.

En Buenos Aires Neruda reinició activamente su vida literaria. También sus movidas en torno a una bohemia que lo vincula a sus más fieles amigos de juerga y también sus compañeros en lo literario: Federico García Lorca y María Luisa Bombal. También se hace amigo de Jorge Luis Borges, Alfonsina Storni, Victoria Ocampo y Silvina Bullrich.

A María Luisa Bombal la conocía de la época en que las tres hermanas Bombal Anthes lo visitaban en Temuco, bajo la severa vigilancia de la mamadre. Estas mujeres —dice Sara Vial en su libro *Neruda en Valparaíso*— lo atraían por su gran personalidad. Eran cultas, alegres, algo excéntricas, y las mellizas, Loreto y Blanca, poseedoras además de una gran belleza.

En Buenos Aires, Maruca languidece. Los amigos de Pablo la llaman "La Carabinero". Como era de esperar, comenzaron las infidelidades del poeta.

María Luisa Bombal se trasladó a vivir con el matrimonio Neruda-Hagenaar e incluso llegó a ser muy amiga de Maruca. Su relación con Pablo —aunque intensa— nunca fue de amantes, sino de amigos y confidentes. Se revisaban mutuamente sus escritos, se corregían, sostenían largas conversaciones. Neruda la llamaba su "adorada abeja de fuego".

Fue en ese año 1933 cuando la Bombal comenzó a escribir *La última niebla* y Neruda publicó *Residencia en la Tierra.* El poeta siempre la animaba y logró, gracias a sus contactos con Editorial Losada, que a Bombal le publicaran sus libros.

En el libro de Sara Vial aparece una extensa entrevista a la escritora, donde revela detalles de esta entrañable amistad.

> Pablo quería ver feliz a todo el mundo —relata Bombal—. Él mismo tenía mucha suerte con las mujeres. Y realmente no se esforzaba mucho. Se dejaba seducir y a veces surgían unos amores tremendos, muy románticos y llenos de dificultades, que le encantaban. Pero no era un aventurero en el verdadero sentido de la palabra. Necesitaba a su lado a una mujer capaz de dominarlo y mimarlo. La pobre Maruca era un sargento, más grande que él. En un país de mujeres graciosas y menudas como el nuestro, daba susto. Pobrecita. Sin embargo, Pablo la quiso mucho.

La escritora no dudaba de las buenas intenciones de Pablo ni de Maruca, pero sí de su compatibilidad.

> Ella era buena pero tan distante del mundo de Pablo —afirma—. No lo entendía para nada. Además era fría y remota. Pablo era tan ansioso de ternura y siempre

anduvo en busca de una madre en la mujer. No todas servimos para mamá.

Bombal no tenía el menor interés romántico en Neruda. Por lo demás, ella estaba perdidamente enamorada de Eulogio Sánchez Errázuriz y no logró nunca que este *playboy* dejara a su esposa. Neruda se conmovía con la desesperanza de su amiga y decidió ser su confidente. Un día —según relata Sara Vial—, María Luisa descubrió que Eulogio coqueteaba con su atractiva hermana Loreto, y sin que nadie sospechara de sus intenciones subió al segundo piso de la casa de Sánchez y se dio un balazo que le destruyó la clavícula izquierda, pero no alcanzó el corazón.

Eulogio Sánchez no era el único enamorado de Loreto Bombal. Neruda también la pretendía. Así lo reconoce la misma María Luisa en el libro de Sara Vial: "Pablo estuvo enamorado de mi hermana Loreto". Pero no dice más. Según Sara Vial, la Bombal hablaba poco de ese tema, no le gustaba, y además "tenía cierto resentimiento hacia su hermana por la atracción que sintió hacia el 'hombre que arruinó su vida'". De esa época aún se conserva una reveladora fotografía donde el poeta aparece tomando la mano de Loreto Bombal en una de las tantas celebraciones en grupo. A unos metros de distancia aparece una muy seria Maruca, de brazos cruzados, ajena a la fiesta.

El romance de Neruda con Loreto Bombal no tuvo más consecuencias que la tristeza de Maruca; pero el cariño que el poeta sintió por la hermosa mujer sobrevivió el paso del tiempo. Años después, cuando Neruda ya estaba con Matilde Urrutia, se enteró de que Loreto estaba gravemente enferma y decidió ir a verla a Viña del Mar. María Luisa relata el encuentro:

> Mi hermana murió poco después, tenía un tumor al cerebro. Pablo llegó horrorizado. Tenía poca resistencia para ver el dolor en los demás. Pero se hacía el fuerte y llegaba al lecho de los enfermos... Estuvo con Loreto largo rato, Matilde quedó en el living. ¡Cómo había pasado el tiempo! Ya no estábamos tomando helados y haciendo escándalo en la tranquila plaza de Temuco.

Todos los que trataron a Maruca en esa época y dejaron registro de ello coinciden en que la pareja no se avenía; eran demasiado distintos. Queda de manifiesto que ella no era bienvenida en ninguna parte. El pintor Pedro Olmos la describió como "una holandesa alta, anodina, sin mayores gracias. Jamás lo acompañaba a las reuniones". El escritor Diego Muñoz coincide:

> Era un ser extraño, hermético, con quien no se podía conversar sino en inglés. Aquella mujer hizo todo cuanto pudo por distanciar a Pablo de sus amigos. El único a quien toleró fue a mí, probablemente gracias a la simpatía que tuvo por mi amiga de entonces.

Sus costumbres eran diferentes y no existía la menor empatía con el mundo que rodeaba a Neruda. Resulta curioso que los amigos insistieran en compararla con un "sargento" o un "carabinero" y que el rasgo más recordado de ella fuera su altura. Medía cerca de un metro ochenta y nadie dejaba de notarlo. Hasta Neruda lo recalcaba. Cuando llegó a España y fue a visitar a su amigo Rafael Alberti, le dijo: "Allá abajo está mi mujer, te la voy a presentar. Es casi una giganta". María Teresa León, la esposa de Alberti, cuenta:

> Sí, era alta la mujer de Pablo, era tan alta, terminando su cuerpo en una bonita cabeza clara, que advertidos y todo, no pudimos Alberti y yo dejar de asombrarnos. Se sentó ante nosotros dejando las dos columnas magníficas de sus piernas, enfrentándonos. Sonriente holandesa rubia, en una aburridísima isla lejana.

Y Margarita Aguirre recuerda que al irse los Neruda a España, sus padres adquirieron parte de los muebles del departamento donde vivieron Pablo y Maruca.

> Durante muchos años —dice la biógrafa— fue para mí un apasionado misterio resolver cómo pudo dormir Maruca en esa ancha, pero no tan larga cama... Era de acero cromado, de madera pintada al laqué, en color azul y respondía a la última moda de la época. Maruca debió ser para mis asombrados ojos de niña mucho más alta que lo que en realidad era. Se trataba de una mujer fría, distante, que no supo conquistarnos a mis hermanos y a mí, como lo hacía Pablo.

Aun muchos años después, Neruda bromeaba con las proporciones de su esposa. La periodista y escritora Virginia Vidal publicó en un artículo la siguiente anécdota:

> Una tarde del verano de 1968, en Isla Negra, Neruda nos había invitado y estábamos ante la barra del bar, mientras él atendía. Se había producido un ambiente de gran comunicación y el poeta hablaba de su vida en España; por algún motivo aludió a su primer matrimonio y entonces le preguntamos: "¿Cómo era Maruca?". Él respondió con jocoso lamento: "Era una mujer

> enorme. Necesitaba comer mucho. A veces, en Madrid, no teníamos sino una lata de sardinas y ella comía con ganas y yo me quedaba mirando.

La escritora catalana Angelina Gatell en su libro *Neruda* interpreta así a la pareja:

> Su matrimonio con Maruca tampoco responderá al ideal de felicidad que Neruda sueña y persigue desde hace años. Un extraño desconcierto preside el mundo emocional del poeta frustrando toda tentativa de sosiego. Años más tarde se preguntará con amargura:
>
> *Para qué me casé en Batavia?*
>
> *Fui caballero sin castillo,*
> *improcedente pasajero,*
> *persona sin ropa y sin oro,*
> *idiota puro y errante.*
>
> (De "Itinerarios", en *Estravagario*)

Y prosigue Gatell:

> Acaso en esta pregunta se encierra la razón de su infelicidad. Al matrimonio se puede llegar por los caminos más diversos. La soledad es sin duda uno de los más directos.

Maruca no tuvo suerte y sus ilusiones de formar un hogar feliz pronto se desvanecieron. Los amigos de Pablo la aislaron y el poeta no compartía su vida con ella, ni la intelectual ni la bohemia. Virginia Vidal habla de una mujer solitaria.

> Maruca sería linda si no estuviese tan triste, la boca muy roja no sonríe y hace juego con sus grandes ojos apagados; los arcos de las bien diseñadas cejas sugieren más que interrogación, una resignación melancólica.

Su paso por Buenos Aires la desarmó y su llegada a Madrid le deparaba aún más sufrimientos. No sospechaba que un pronto embarazo le traería una niña enferma y que una mujer aristocrática e intelectual la desplazaría definitivamente de la vida del poeta.

Maruca llegó embarazada a Madrid, de unos cuatro o cinco meses. Se sentía sola y no compartía con Pablo la vida de bohemia junto a los intelectuales españoles a los que se había sumado la argentina Delia del Carril. Rafael Alberti los ayudó a encontrar donde vivir y se trasladaron a un amplio departamento en el barrio de Argüelles, que Neruda bautizó como "la Casa de las Flores".

Delia, que había llegado recientemente de París, a instancias de Rafael Alberti, estaba acostumbrada a vivir sola en hoteles o casas de amigos. Así fue como al conocer a Neruda le pareció una buena idea irse a vivir a su departamento, dicen Aída Figueroa y Edmundo Olivares, en su libro *Mi amigo Pablo*:

> Y para Maruca, que se halla en avanzado estado de gravidez, que carece de amigas y necesita alguna ayuda, es también un alivio contar con una compañía amiga que dispone, además, de tiempo abundante para dedicarle.

Lo que no sospechaba Maruca era que Delia ya se había instalado en el corazón de su marido. Así comenzó una vida en común que no estaría libre de situaciones difíciles en este trío formado por el matrimonio Neruda-Hagenaar y Delia, la mujer amante decidida a combatir por sus ideales y por este amor desatado.

El 18 de agosto de 1934 nació Malva Marina Trinidad Reyes Hagenaar, lo que causó gran revuelo entre los amigos. El más contento parecía ser García Lorca, quien emocionado le escribió un hermoso poema que se dio a conocer al mundo 50 años después, cuando se rememoraron los 80 años del natalicio de Neruda. En 1984, el diario *ABC* de Madrid publicó la primicia.

Malva Marina ¡quién pudiera verte
delfín de amor sobre las viejas olas
cuando el vals de tu América destila
veneno de sangre de mortal paloma!...

La niña nació prematura. Se salvó de milagro. Neruda le escribió a su padre, don José del Carmen Reyes, contando la noticia, y en sus palabras se refleja el dolor que le causó este nacimiento.

> No me he apresurado a comunicarle la noticia porque todo no ha andado muy bien. Parece que la niña nació antes de tiempo, y ha costado mucho que viva... La niña es muy chiquita, nació pesando sólo dos kilos cuatrocientos gramos, pero es muy linda, como una muñequita con ojos azules como su abuelo, la nariz de Maruca, por suerte, y la boca mía... Por supuesto que la lucha no ha terminado aún, pero creo que se ha ganado ya la mejor parte y que ahora adelantará en peso y se pondrá gordita pronto.

Malva Marina sufría de hidrocefalia. Su cabeza crecía desproporcionadamente. Tenía problemas para resistir la luz y los pronósticos médicos eran pesimistas. Era muy probable que falleciera al poco tiempo.

A mediados de septiembre, es decir, un mes después del nacimiento de Malva Marina, Neruda le escribió a su amiga argentina Sara Tornú contándole que ya está instalado en Madrid, reemplazando a Gabriela Mistral en el cargo de cónsul. La poetisa se había trasladado a Barcelona y él se estableció en la capital española. Le cuenta que habían celebrado en grande el 18 de septiembre con peruanos, cubanos, mexicanos y la argentina Delia del Carril. "Vinieron a mi casa, en donde bebieron de manera frenética." Al parecer, poco tiempo más tarde, Delia llegó como una especie de pensionista a la "Casa de las Flores". En enero de 1935, Neruda le escribió a Héctor Eandi contándole que comparten el techo con Delia:

> Vivimos en una casa con seis metros de balcón, muy alta con vista a las sierras y a las nieves de Guadarrama. Vive con nosotros una argentina, Delia del Carril (hermana de Adelina), muy simpática y profundamente buena.

Sin embargo, en 1934 el alma del poeta estaba llena de una mezcla de alegría y pesar por la llegada de su hija. En la carta a Sara Tornú, del 19 de noviembre de ese año, dice:

> Federico, en Granada, desde donde ha mandado unos lindos versos para mi hija. Mi hija, o lo que yo denomino así, es un ser perfectamente ridículo, una especie punto y coma, una vampiresa de tres kilos. Todo bien (ahora), oh Rubia queridísima (pero) todo iba

muy mal. La chica se moría, no lloraba, no dormía, había que darle con sonda, con cucharita, con inyecciones, y pasábamos las noches enteras, el día entero, la semana, sin dormir, llamando médico, corriendo a las abominables casas de ortopedia donde venden espantosos biberones (...) Tú puedes imaginarte cuánto he sufrido. La chica, me decían los médicos, se muere, y aquella cosa pequeñilla sufría horriblemente, de una hemorragia que le había salido en el cerebro al nacer. Pero alégrate, Rubia Sara, porque todo va bien; la chica comenzó a mamar y los médicos me frecuentan menos, y se sonríe y avanza gramos cada día a grandes pasos marciales.

La niña Malva Marina, de lindo nombre pero con mala estrella, llegó al mundo a sufrir. Sus padres no sabían qué hacer con ella. Luis Enrique Délano, diplomático y amigo del poeta, que entonces trabajaba en el consulado chileno en Madrid, la describió como

> una niña pálida, de cabellos y ojos oscuros, como los de Neruda... quizás la forma de la cara era la de Maruca. La recuerdo en su cuna y en el cochecito en que su madre la llevaba al parque del Oeste, que era el que quedaba más cerca de la Casa de las Flores... No hablaba, solamente miraba con sus ojos grandes y dulces, como asustados. ¡Y cantaba! Su madre, que era muy entonada, le había enseñado a cantar.

Vicente Aleixandre en *Comprendí, pero no explico* (1935) hace una descripción mucho más desgarradora —y sincera quizá— de la impresión que le causó la pequeña Malva Marina.

> Él me llamaba con la mano y miraba con felicidad hacia el fondo de aquella cuna. Todo él sonrisa dichosa, ciega dulzura de su voz gruesa, embebimiento del ser en más ser. Llegué. Él se irguió radiante, mientras me espiaba. ¡Mira, mira! Yo me acerqué del todo y entonces el hondón de los encajes ofreció lo que contenía. Una enorme cabeza, una implacable cabeza que hubiese devorado las facciones y fuese sólo eso: cabeza feroz, crecida sin piedad, sin interrupción, hasta perder su destino. Una criatura (¿lo era?) a la que no se podía mirar sin dolor. Un montón de materia en desorden. Blanco yo, levanté la vista, murmuré unos sonidos para quien los esperaba y conseguí una máscara de sonrisa. Pablo era luz, irradiaba irrealidad, sueño, y su ensoñación tenía la firmeza de la piedra, el orgullo de su alegría, el agradecimiento hacia un futuro celeste.

Maruca le escribió a sus suegros y a Laura una carta que fecha del 3 de febrero de 1935, donde les decía:

> No hemos podido escribir antes, yo por estar ocupada todo el tiempo con la niña y Pablo por estar ocupado con sus trabajos literarios y sus cambios en la carrera (...) Pero ya podemos anunciarles que desde hace unos días Neftalí ha sido nombrado agregado a la embajada de Madrid, sin perder su cargo de cónsul (...) todos los intelectuales le han recibido con mucho entusiasmo y en una conferencia, dada en la Universidad de Madrid le han declarado el mejor poeta de América (...) Malva ahora tiene 5 meses y medio y está muy rica. Ha crecido y engordado mucho: tiene 71 cm. de altura, mientras tenía 47 cuando nació, lo que me

> asusta mucho porque me sentiré tanto si llega a ser tan alta como yo. Es una chica siempre tan contenta, no llora nunca, está sonriendo todo el tiempo. Todo el mundo la quiere mucho y la encuentran muy linda e inteligente.

En septiembre del mismo año, Neruda se siente sobrepasado por la condición de su hija. En una carta a Héctor Eandi, le cuenta que estará a cargo de una revista de poesía, que le publicarán *Residencia*, y solamente al final agrega: "De mi niñita no quiero hablarle, porque está enfermita. Maruca bien. ¿Cómo es vuestra nueva casa?".

Meses más tarde un sombrío pesimismo se había apoderando de Maruca y se lo dice a la mamadre en otra misiva, fechada 2 de mayo de 1936.

> Mi querida Mama (doña Trinidad):
> Hemos recibido su carta hace algún tiempo y esperamos que usted nos perdonará el silencio tan largo(...), pero al fin nos faltó la gana porque teníamos que escribirles malas noticias de nuestra Malvita. Descubrimos que por efecto de su difícil nacimiento (aunque yo no he sufrido nada) su cabecita empezó a crecer demasiado; una enfermedad que los mejores médicos de Madrid y París no sabían curar, lo que era desesperante para nosotros (...) hace algunos meses la cabeza de Malvita no ha crecido más y esperamos que siga así. Por lo demás ella siempre ha estado de muy buena salud (...) Está un poco atrasada por su enfermedad, no sabe andar todavía, habla algunas palabras y sabe cantar. Es mi ángel siempre tan paciente, siempre de buen humor y alegre. No nos molesta nunca...

Más adelante confiesa que las cuentas médicas los están arruinando y que Neftalí, a pesar de las apreturas económicas, está buscando la manera de ayudar a su padre.

Neruda cayó en una profunda depresión, y en los poemas de su segunda *Residencia* se trasluce el drama que está viviendo. Los poemas "Maternidad", "Enfermedades en mi casa" y "Oda con un lamento" son el reflejo de su aflicción.

Margarita Aguirre dice que desde España recibieron con regularidad muchas cartas, libros y fotografías de Neruda y que también se enteraron del nacimiento de Malva Marina.

> Su nombre me pareció muy hermoso y lamenté que no estuvieran con nosotros para conocerla. Tiempo después supe que se trataba de una niñita enferma y sentí verdadera pena por ella y por Neruda. Nunca llegué ni a ver su fotografía. Lo más que he sabido de Malva Marina es la descripción de Luis Enrique Délano, quien la conoció en Madrid. Y leí más tarde el poema de *Residencia en la Tierra*.
>
> *(...) no hay sino llanto, nada más que llanto,*
> *porque sólo sufrir, solamente sufrir,*
> *y nada más que llanto.*
>
> *(...) y por una sonrisa que no crece, por una boca dulce,*
> *por unos dedos que el rosal quisiera*
> *escribo este poema que sólo es un lamento,*
> *solamente un lamento.*
>
> (De "Enfermedades en mi casa")

"El infortunio no unió a un matrimonio desavenido, sino que lo quebrantó para siempre" escribe Teitelboim en *Neruda*.

Pablo traspasa su pena a la poesía, pero su dolor lo hizo enmudecer. Ni con sus más íntimos amigos habló de su hija enferma, ni siquiera la nombra en sus poemas.

El conocer a la aristocrática argentina Delia del Carril sacó a Neruda de su tragedia. Rafael Alberti, que la conoció en París, le había sugerido que se fuera a vivir a Madrid, a compartir con la vida de la República. Ambos eran activos militantes comunistas. Delia aceptó la propuesta y fue en casa de Alberti donde Neruda la conoció. La atracción fue instantánea. Ella era revolucionaria y apasionada por las causas políticas. Una mujer distinta, de alto vuelo, que irradiaba simpatía y magnetismo. Neruda no se separó más de su lado. Como ya mencionamos, la invitó a vivir a su casa, con Maruca y Malva Marina. Delia se entregó sin reservas a este amor loco y sin escrúpulos, creando bastante incomodidad en una esposa que veía en su propio hogar una situación insostenible.

La situación política en España se hacía cada vez más difícil y pronto estallaría la guerra civil. Comenzaron los asesinatos de intelectuales y el más violento para Neruda fue el de su amigo Federico García Lorca.

Muchos tuvieron que huir a la frontera. Alberti se exilió en París y Pablo decidió llevar a Maruca y Malva Marina a Francia para no exponerlas a la peligrosa situación política en España. Neruda se sintió aliviado. No sólo había puesto a salvo a su mujer e hija, sino que al fin podría compartir con la mujer combatiente que tenía a su lado: Delia del Carril.

Gracias a una recopilación de cartas que hizo Tomás Lago, se pudo conocer la situación en ese momento. Desde Marsella, el 19 de diciembre de 1936, Neruda le escribe a Delia:

> Hormiguita adorada, acabo de recibir tu carta y tu telegrama, no me entiendes bien, tus cartas no se han

perdido, las recibo todas, pero naturalmente no sé para qué te vas a quedar por meses en Barcelona.
(...) He llevado anteayer a Maruca a Montecarlo, he vuelto a las cinco de la mañana. La situación no está arreglada con su ida, los Van Tricht tienen un departamento muy bien puesto pero chico, tendrá que buscar pensión a 25 francos diarios mínimo, sin contar los gastos de la chica: por suerte la niñita estaba repuesta, y la dejé cantando y riendo como antes. La cosa es luchar para que Maruca puede tener mensualmente esa suma, así se estaría tranquila.
(...) Yo no quiero sino que vengas, me siento solo, esta mañana me he lavado entero en un bidé portátil del hotel, me he cortado las uñas por primera vez solo, y a pesar de las dificultades qué bien estar sin Maruca: me sentía vivir de nuevo.
(...) Te abrazo con todo mi corazón y te quiero cada día, espero verte, que es lo único que quiero.
Pablo.

Neruda abandonó a Malva Marina y no volvió a verla nunca más. ¿Por qué? Aída Figueroa argumenta:

> Jamás en los 25 años que conocí a Pablo la mencionó. Mi interpretación es que él no era partidario de la pena, del duelo, del sufrimiento. Fue un devoto de la vida. Siempre decía: "La vida hay que vivirla con alegría". Con sus amigos comentaba que su hija era preciosa y en realidad todos estaban horrorizados cuando la veían, pero él, siempre optimista, pensaba que la niña se iba a mejorar. Cuando se dio cuenta de que no era así, se separó del dolor y no la mencionó más. Sólo lo escuché

hablar del dolor cuando estaba agónico en la Clínica Santa María y fue en esa oportunidad cuando me dijo: "Me duele desde el pie hasta el pelo".

Desde que Neruda le escribió a Delia contándole de su viaje a Montecarlo, prácticamente se pierde la pista de María Antonieta Hagenaar. Por una sola carta que le escribe a su suegra, fechada el 2 de septiembre de 1937, se sabe que llega a La Haya. En ella le habla de las penurias de la guerra y de la ausencia de su marido. En un tono dulce, como si las cosas no anduvieran tan mal, le dice:

> Querida Mama:
> Ya han pasado muchos meses que no les he escrito. Es que hemos vivido en un tiempo horrible, de guerras, de viajes y muchas miserias con una chiquita enferma. Todo eso nos quita las ganas de escribir, no es la falta de cariño para uds. Los recuerdo siempre y siempre y con muchísimo cariño. Lo siento tanto que está ud. enferma, mi único deseo es que ud. se mejore muy prontito.
> Neftalí está de viaje a Chile y llegará a Valparaíso más o menos el 8 de octubre. Ya les contará todo. Espero que los encuentre bien a todos.
> Saludos muy cariñosos para todos y un fuerte abrazo para ud. mi querida Mama, de su hija
> Maruca.

De ahí en adelante hay bastantes vacíos en la historia de Maruca y Malva Marina. Bernardo Reyes, quien ha investigado parte de su vida, reconoce que no hay datos concretos para juzgar una situación que a simple vista fue un abandono. Se sabe —dice— que Neruda le enviaba a Maruca unos 100 dólares mensuales hasta el año 1950, aproximadamente.

Este aporte económico estaba lleno de dificultades tanto para Neruda como para Maruca. En una carta que envió ésta desde La Haya, fechada el 18 de noviembre de 1938, le cuenta a su marido que vive con muchas apreturas económicas, y que el dinero no le está llegando con regularidad. En sus líneas llama a Neruda "*dear Pig*", en un tono cariñoso y de confianza, como trataría de "chancho" a su marido cualquier mujer en nuestros días. Gracias a esta carta queda claro que Malva Marina se encontraba al cuidado de una familia a la que Maruca debía pagar mensualmente, y también se sabe que ella misma había estado enferma y no había podido pagarle al médico que la atendió, debido a su escasez de medios. La siguiente carta inédita forma parte del archivo de la Fundación Neruda y sin duda constituye un valioso aporte para comprender cómo era la relación del matrimonio Reyes-Hagenaar dos años después de su separación.

> Mi querido chancho ("My dear Pig" en el original)
> Es realmente imperdonable tu negligencia hacia nosotras, especialmente hacia tu bebé. Hoy 18 del mes no he recibido tu dinero. El 1° de este mes tuve que pagar los gastos de alojamiento de Malva Marina por el mes de octubre. Con mi salario sólo pude pagar una parte de ello. Qué vergüenza realmente. Ellos son tan buenas personas… Nunca encontraré gente tan buena otra vez. Malva es muy apegada a ellos… ella ha progresado mucho mentalmente. Ahora ni siquiera puedo ir a verla porque no tengo un centavo. Mi último dinero será gastado en enviar esta carta.

> (...) La última vez me mandaste sólo $68 en vez de $70. Espero que puedas agregar los $2 a los próximos $70 y me envíes $72. Por favor, envíame el dinero lo antes posible. (…)
> Malvita se está recuperando magníficamente (…) Se ve mucho más fuerte que antes. Habla tan adorable (…), pide la bacinica cuando quiere pipí (*does her pipi... a pot de chambre* en el original)... un magnífico signo de progreso. Debemos estar muy agradecidos hacia estas personas donde ella está, así es que por favor cumple tus deberes de padre. (…)
> Bueno, chancho, querido, envíame pronto el dinero por favor. (...)
> Malvita envía muchos besos a su papi y yo también,
> Tu chancha ("*your Pig*" en el original)

Por otro lado, a Neruda no le resultaba fácil reunir la suma, y luego, al estallar la Segunda Guerra Mundial, para Maruca era un verdadero problema encontrarse con el dinero que le enviaba su marido. En una carta que Pablo envió a su hermana Laura desde Isla Negra en febrero de 1940, le decía: "Teresa no me ha mandado los arriendos. Me gustaría le escribieras recordándole, porque estoy mal de dinero, ya que tengo que mandar a Maruca una mensualidad muy alta".

Y en agosto del mismo año, el poeta recibe en México una carta del diplomático Tobías Barros, enviada desde Holanda, donde le relata las dificultades que ha tenido Maruca para recibir el dinero.

Señor Don Pablo Neruda
México.

Distinguido amigo:
Sólo ahora que he recibido una carta de su Señora estoy en situación de contestar su apreciación del 9 de julio último.
Con la debida oportunidad remití a su Señora los dos cheques por cien dólares cada uno que Ud. me envió. Desgraciadamente su Señora ha debido devolvérmelos, después de haber hecho infructuosas gestiones para que le fueran pagados en Holanda. Me dice, en su carta que acabo de recibir, que la única manera que tiene de recibir dinero del extranjero es por giro telegráfico en florines holandeses, dirigido a Nederlandsche Handelsmaatschappÿ en La Haya.
Eso es lo que me permito cablegrafiar a Ud. con esta misma fecha. Le envío los cheques que Ud. me remitió y que resultan, por las circunstancias conocidas, incobrables tanto en Holanda como en Alemania, donde también intenté hacerlos pagar.
Lamento este contratiempo, pero aprovecho gustoso la ocasión para decir a Ud. que estoy a sus órdenes en ésta y que, si consigo permiso para ir a Holanda en estos días, me haré un deber en pasar a saludar a su Señora y ofrecerme a sus mandados.
Muy afectuosamente lo saluda su atto.

SS. y amigo

Tobías Barros

Después hay sólo conjeturas. Lo único concreto que se conoce es que Malva Marina murió el 2 de marzo de 1943 y que la noticia fue enviada a Chile a través de la representación diplomática chilena de Berna, en Suiza. En ese momento Neruda estaba viviendo en México con Delia y no se enteró en forma inmediata, sino con casi un mes de retraso. La carta, fechada el 25 de marzo de 1943, dice lo siguiente:

> Mi querido Pablo
> El 23 en la mañana, se recibió en la Embajada el cable Nº 83 del Ministerio, fecha 22, que dice así:
> "Para Cónsul Nefatlí Reyes. Se ha recibido de Berna siguiente telegrama Señora Neruda avisa desde Holanda que su hijita falleció dos Marzo sin sufrimientos. Desea reunirse con su marido a brevedad posible. Ruego a US. Comunicar resolución interesado para transmitirla a esposa haciendo trámites necesarios".

En el libro *Neruda* de Angelina Gatell se dice que Malva Marina murió durante un bombardeo en los días de la guerra; sin embargo, el telegrama enviado por Maruca al que se hace mención en la carta anterior lo desmiente.

Maruca regresó a Chile a comienzos de la década del 50, aunque se desconoce la fecha exacta. Se dice que fue traída por el gobierno para desacreditar a Neruda. El poeta se había casado en México con Delia del Carril en 1943 y aunque esta unión no era reconocida por las leyes chilenas, el Presidente Gabriel González Videla estaba empeñado en desprestigiar a Neruda. El poeta era militante comunista y el mandatario se declaraba enemigo de ese partido, pese a que él había sido elegido en 1946 gracias a su apoyo.

La oportunidad de dañar seriamente la imagen del poeta surgió cuando fue desaforado mientras era senador (1949). El gobierno logró que María Antonieta Hagenaar volviera a Chile para entablar una demanda por bigamia. La acción legal no prosperó y ni siquiera llegó a juicio, porque el matrimonio de Neruda con Delia no había sido validado en Chile.

Sergio Insunza fue el abogado a quien acudió Neruda en esa oportunidad. Su mujer, Aída Figueroa, recuerda: "Mi marido comprobó que el matrimonio con Delia nunca fue inscrito en Chile, por lo tanto, no era válido. Ahí fue cuando Maruca tuvo que negociar con Sergio, porque al final nunca se anularon y ella recibió una cantidad de dinero y se fue de Chile".

Pero no se fue de inmediato. Después de demandar a Neruda, Maruca se quedó algunos años más en el país. Estaba deprimida y sentía un gran resentimiento hacia su marido. En esa época vivió como pensionista en diferentes lugares, y uno de ellos fue la casa de la pintora María Tupper. Una prima de la artista, Lila Bianchi, entrevistada por la periodista Virginia Vidal, recuerda que "a la María no le caía bien la Maruca, porque siempre hablaba de lo mismo: de su pobreza, de su abandono, soledad y mala suerte. Neruda le pasaba una mesada, pero ella era muy quejosa".

Al cabo de un tiempo, María Tupper decidió pedirle a Maruca que se buscara otro lugar donde vivir. Pero, antes de que ella partiera, Neruda le pidió a Lila Bianchi que hablara con Maruca para que le diera la nulidad matrimonial y así poder casarse con Matilde. El trámite estaba pendiente porque Maruca pedía un millón de pesos, suma que el poeta no tenía. Lila, citada por Virginia Vidal, dice:

> Fui a hablar con Maruca y fue tajante: "Pablo no tendrá jamás la nulidad si no me da el millón de pesos.

María Antonieta Hagenaar en el día de su matrimonio con el cónsul de Java, Pablo Neruda.
Fuente: *Álbum de Temuco*, Bernardo Reyes.

Maruca y Pablo recién casados. El enlace se efectuó el 6 de diciembre de 1930 en Java.

Una foto indiscreta en Buenos Aires, en 1933. Maruca Hagenaar, ausente y triste en una comida, mientras Neruda aparece feliz y tomado de la mano de su última conquista, Loreto Bombal, hermana de María Luisa.
Fuente: Fundación Neruda.

Delia del Carril, La Hormiguita, con Pablo Neruda en Madrid, 1935.
Fuente: Fundación Neruda.

Pablo y Delia en Isla Negra, cuando vivían felices, 1939.
Fuente: Fundación Neruda.

El matrimonio Neruda-Del Carril en su casa de la calle Lynch, junto a varios amigos.
Fuente: *Álbum de Temuco*, Bernardo Reyes.

Delia del Carril, a los 98 años, cuando fue entrevistada para el suplemento "Buen Domingo", de *La Tercera*, 1982, donde evocó distintos recuerdos del poeta ante fotos de éste.
Fuente: Centro de Documentación Copesa.

> Que me la pague". Le respondí: "Encuentro muy raro su pensamiento: si una se casa, es porque quiere y, por lo general, los matrimonios tienen feliz comienzo, pero pasa el tiempo y pueden fallar. Debe darse la nulidad si el otro la pide. No pueden hacerse pagar las horas felices". Pero ella me contestó con dureza: "Yo he sufrido demasiado". Le pregunté: "Pero, ¿pasó horas felices?". "Sí", reconoció. "Bueno", le dije: "Fueron felices mientras estuvieron enamorados (...) no puede hacerse pagar las horas de amor que pasaron juntos...". Respondió: "Es inútil. Pensamos muy distinto. Yo no transijo". "Siento tanto no haber podido hacer nada. Y la que más va a sufrir va a ser usted. No le digo hasta pronto, porque no deseo verla otra vez", dije por último. Me acompañó hasta la puerta y por primera vez tuvo un amago de sonrisa: haciendo ver que ella era muy alta y yo, tan pequeña, dijo: "Ya ve, en todo somos distintas". Sentí que Maruca no era normal en nada.

La dramaturga y novelista Isidora Aguirre, hija de María Tupper, también dio su testimonio a Virginia Vidal. La anécdota que relató deja sumamente claro cuán sola y triste debió sentirse Maruca.

> Mi mamá llegó a tenerle recelo, pues le parecía que ella emanaba fuerzas negativas capaces de echar a perder el cálifont e influir en el desencadenar de otros estragos (...). Para mi mamá era un misterio que en el cuarto de Maruca siempre estuviese la luz encendida hasta pasada la medianoche. Una vez, ya eran más de las dos de la mañana y su antigua empleada decidió

poner una escala de mano y mirar por el tragaluz, a ver qué pasaba. Desde la altura no podía verle la cara a Maruca. A mi mamá le costó creer cuando su empleada bajó muda. Hasta que pudo decirle con espanto: "Señora, está comiendo pan, habla sola y tiene tres sombreros puestos...".

Se desconoce la fecha y las circunstancias en que Maruca dejó Chile para regresar a Holanda. Sin embargo, Bernardo Reyes, sobrino nieto del poeta, consiguió el año 2003, a través del Municipio de La Haya, un certificado de defunción de María Antonieta Hagenaar. El documento permite establecer que falleció el 27 de marzo de 1965, que era hija de Richard Pieter Fedor Hagenaar y de Antonia Helena Vogelzang.

El autor de *Pablo Neruda: Retrato de familia* cuenta que Maruca fue enterrada en un cementerio en La Haya y años después sus restos pasaron a una fosa común, ya que ningún familiar se preocupó de pagar los gastos que implica la mantención de una sepultura.

7

Delia del Carril
El amor incondicional

Delia fue su compañera, la militante del Partido Comunista, su secretaria, la mujer que lo contactó con la intelectualidad europea. La amiga de Dalí, de Picasso, de García Lorca, de Rafael Alberti, de Miguel Hernández. Tenía un roce social y un prestigio en Europa que ayudaron a Neruda a salir del provincialismo chileno y olvidarse de la soledad de Oriente.

Nació el 27 de septiembre de 1884, en la estancia familiar de Polvaredas. Su padre, Víctor del Carril, y su madre, Julia Iraeta, llegaron a tener 13 hijos vivos de 18 nacimientos. La rebelde niña vivía en permanente insurrección, y cuando su padre le regaló un caballo a los cuatro años, lo convirtió en su símbolo de libertad. Dicen que su madre le decía: "Si te quieres matar, por qué no te subes a la azotea y te tiras".

Bajo el alero de un padre que la consentía, fue formándose entre la cerrada sociedad de Buenos Aires y la abierta ciudad de París. Mientras tanto, la hacienda familiar cosechaba trigo en abundancia y la carne de sus animales llegaba a los mercados europeos. En 1892, la familia Del Carril efectuó su primer viaje a Europa. Llevaron a sus 10 hijos, gran cantidad de empleados, doncellas e institutrices. Además, dos vacas y gallinas, para que no faltara ni leche ni huevos frescos en la larga travesía.

El primer quiebre en la vida de Delia se produjo al fallecer su padre, quien, víctima de una depresión, se disparó en la sien. Su madre, viuda a los 36 años, decidió trasladarse a vivir a París, donde compartió con sus hijas las tertulias y salones de la alta sociedad. La lectura sin restricciones le permitió a Delia formarse en un ambiente culto y de vanguardia.

En junio de 1914, al estallar la Primera Guerra Mundial, Delia tenía 30 años y aún no se casaba. Sentía que debía escapar del matrimonio; pero la vida le depararía algunas sorpresas. Regresó a vivir a su patria y en Argentina conoció sorpresivamente a Adán Diehl. Poco tiempo después decidieron tomar un tren y casarse en Mendoza. Delia tenía 34 años. Mucho tiempo más tarde Inés Valenzuela, quien la conoció recién llegada a Chile y luego compartió junto a su marido la casa donde vivían Delia y Pablo, le preguntó a ella por qué había tomado la decisión de casarse tan repentinamente, sabiendo que su relación con Diehl había sido un arrebato. Delia le contestó: "Tú sabes que él era un loco. Un día me dijo que si no me casaba con él, se mataba. Y yo no podía permitir que alguien se muriera por mí".

Iniciaron su luna de miel en Santiago y Valparaíso, donde tomaron el vapor *Aysén* rumbo a Jamaica; luego seguirían a Alaska en un viaje estrambótico entre esquimales, linces y nutrias. Su mundo eran juegos de provocaciones, disputas y reencuentros. Volvieron a París y, estando allá, los celos de Adán transformaron la convivencia en un infierno. Se separaron después de nueve años de matrimonio. Rafael Alberti, amigo de Delia, la convenció de trasladarse a vivir a España, donde estaría más cómoda, pues el costo de la vida allí era menor que en Francia. Ella estuvo de acuerdo y se mudó para comenzar una nueva etapa.

Antes de partir había forjado lazos con intelectuales franceses de izquierda que le permitieron ingresar al Partido Comunista. Los artistas Fernand Léger —quien le dio clases de pintura—, Pablo Picasso, Le Corbusier y Paul Eluard eran por entonces sus mejores amigos. Delia siempre demostró un gran interés por las artes y las letras, de modo que cuando se trasladó a Madrid, su círculo siguió estando ligado a este ambiente. En aquella época y en la sociedad de la que provenía, su forma de vida no era en absoluto corriente. "A Delia le interesa vivir una existencia más dinámica y más libre", afirman Aída Figueroa y Edmundo Olivares en *Mi amigo Pablo*. "Ella podría encarnar el genuino rol de la mujer emancipada de los años 30, bella, desenvuelta, ilustrada, viajada, separada."

En la capital española, Delia se acercó a la Alianza de Intelectuales, base de funcionamiento del Partido Comunista, entre cuyos integrantes se encontraban Rafael Alberti y su mujer, Teresa León. En casa del ministro consejero de la embajada de Chile en Madrid, Carlos Morla Lynch, se avivaban tertulias en las que convivían monarquistas con anarquistas y ateos. Allí Delia conoció a Federico García Lorca y también al poeta chileno Pablo Neruda. Corría el mes de junio de 1934.

Dicen que Pablo y Delia construyeron su relación entre la casa de los Morla y la de los Alberti, iniciando una amistad que se consumía en largas jornadas de trasnoche en la Cervecería de Correos. Delia comentó que en uno de esos encuentros el poeta se sentó a su lado y "puso su brazo alrededor de mi hombro y así nos quedamos".

Ella, bella, inteligente y con un mundo en sus manos. Él, mucho más joven, genial, pero incomprendido. La situación de Neruda era compleja. Su mujer se aislaba y no compartía las noches de tabernas y bares. Estaba muy entusiasmado con Delia y no sólo compartía con ella las noches de juerga, sino que, como ya sabemos, la invitó a vivir con él y Maruca en la "Casa de las Flores".

"A Neruda le parecía estimulante el juego clandestino con Delia mientras arrancaba de su esposa. Dejarse llevar por una situación nueva que no le exigiera decisiones drásticas le acomodaba", comenta Sáez, en *Todo debe ser demasiado. Biografía de Delia del Carril. La Hormiga.*

Maruca le daba seguridad, y su nueva conquista lo despertaba hacia un mundo apasionante; pero el nacimiento de Malva Marina complicaba el panorama. No sólo por la tristeza de ver a su hija enferma, sino porque da al matrimonio más razones de alejamiento.

En aquella época Delia corría de un lado a otro para ayudar a los intelectuales que estaban en peligro. No paraba de trabajar y por eso la apodaron "La Hormiguita". Se acercaba el estallido de la guerra civil, el descontento era general y Delia luchaba con todas sus fuerzas defendiendo sus ideales.

Según Hernán Loyola, Delia representa dos cosas: por un lado, la gran atracción física y, por otro, la inteligencia, la historia, la cultura. Ella influye mucho en él y le da la orientación que Neruda buscaba:

> Delia se destacaba por su belleza y su finura. Cuando conoció a Pablo tenía cincuenta años y él sólo treinta; pero a pesar de la diferencia, le resultaba muy atractiva. Tanto, que se le metió en la cama en su propia casa. Para su ingenua esposa era una especie de pensionista que le ayudaba a pagar los gastos.

¿Se enamoró realmente de Delia? Sí. Se enamora, pero con un tipo de enamoramiento distinto, que no había vivido hasta ahora, pero que le hacía falta. En los otros amores de juventud, Neruda vive los sueños de amor junto a la naturaleza del sur de Chile. Ahí están Albertina y Teresa Vásquez. Todo eso le da un fundamento a su poesía. Es la poesía de los sueños. *Veinte poemas de amor* y *El hondero entusiasta* son libros eróticos, amorosos; pero le faltaba la otra dirección, la profética, que es la poesía trascendental. Y ésta comienza a notarse cuando Neruda empieza a escribir *Residencia en la Tierra*. Allí nace esta nueva poesía. Ahora lo que escribe tiene un significado, un valor. Es una poesía grande que abarca los sentimientos y las pasiones de los hombres.

¿Por qué Delia no lo inspira románticamente? Porque es como la madre que le enseña a caminar en cierta línea. Delia obtiene lo que su propio padre nunca consiguió con él: hacerlo hombre. Neruda comienza a definirse políticamente, y en esa faceta ella es fundamental. Muchas veces me he preguntado si Neruda habría sido comunista de no haberse encontrado con Delia en su camino.

El escritor Julio Gálvez, ganador del Premio Especial de Ensayo otorgado por la Fundación Pablo Neruda, por su obra "Neruda y España", comenta que la influencia política de Delia no fue tan importante como han dicho algunos biógrafos. En ese sentido, habría sido realmente clave la influencia que ejercieron el poeta español Rafael Alberti y el poeta argentino Raúl González Tuñón, que eran militantes comunistas. También García Lorca es importante en esta metamorfosis de Neruda.

Según testimonio de Lola Falcón, esposa de Luis Enrique Délano, cuando Pablo y Delia se unieron, para ellos no existía el mundo. Tenían una complicidad muy grande y, por ser una relación amorosa reciente, había poco espacio para la política.

La escritora Angelina Gatell afirma que, de todos los amores del poeta, sólo dos llegaron a lo más profundo de su sensibilidad: Delia del Carril y Matilde Urrutia. "Delia es, sin duda, la mano orientadora, inteligente y enamorada que va abriendo en su vida los más variados senderos."

En el *Canto General*, Neruda alude a ella y a la situación en España. Es el gran reconocimiento que Neruda le hace a Delia.

El firme amor, España, me diste con tus dones.
Vino a mí la ternura que esperaba
y me acompaña, la que lleva el beso
más profundo a mi boca.

No pudieron
apartarla de mí las tempestades
ni las distancias agregaron tierra
al espacio de amor que conquistamos.
(...)
No sé, mi amor, si tendré tiempo y sitio
de escribir otra vez tu sombra fina
extendida en mis páginas, esposa:
son duros estos días y radiantes,
y recogemos de ellos la dulzura
amasada con párpados y espinas.

(De "El amor")

Delia, la mujer combatiente que lucha a su lado, no es una musa del amor. Hay alusiones a ella en el *Canto General*, algunos versos dispersos en *Memorial de Isla Negra* ("Amores:

Delia (I) y (II)"), pero jamás un libro expresamente dedicado a ella.

> *Delia es la luz de la ventana abierta*
> *a la verdad, el árbol de la miel,*
> *y pasó el tiempo sin que yo supiera*
> *si quedó de los años malheridos*
> *sólo su resplandor de inteligencia,*
> *la suavidad de la que acompañó*
> *la dura habitación de mis dolores.*
> *(...)*
> *Tú, del país extenso*
> *a mí llegabas*
> *con corazón extenso, difundido...*
>
> (De "Amores: Delia (I)")

Delia era una mujer distinta a todas las que había conocido Neruda. Volodia Teitelboim, en *Neruda*, la describe como de un atractivo inconfundible.

> Irradiaba como una luz fina y fuerte, despedía una simpatía que lo trastornó completamente. Delia sabía ser punzante... El amor por Pablo se apoderó de Delia de un momento a otro. Percibió en él al poeta al cual ella podría empujar a vuelos más altos. Se entregó a sus sentimientos sin pensar que tenía veinte años más que él.

El matrimonio de Pablo y Maruca finalmente se quiebra y poco después de que estalla la Guerra Civil Española en 1936, las lleva a ella y a Malva Marina a Francia. Las deja en Montecarlo y él parte a Marsella, desde donde le escribe a La Hormiguita, añorando un pronto encuentro.

Los años de la guerra fueron intensos en lo intelectual y en lo sentimental. Neruda y Delia se encuentran en distintos países, incluso pasan una temporada en Chile. En esa época conocieron al matrimonio formado por el poeta Diego Muñoz e Inés Valenzuela, quien recuerda:

> Cuando la conocí, yo tenía 19 años y ella, más de 50. En esa perspectiva, yo la encontraba "mayor". Pero la vi siempre maravillosa, como estrella de cine. Muy vital, con una linda figura. Muy sencilla para vestirse, a pesar de que sus ropas eran de París.

En la serie "Recordando a Neruda", del suplemento dominical del diario *La Tercera*, Inés Valenzuela comentó que lo que a Pablo más le atrajo de Delia fue su cultura. Ella se dio cuenta de que él era un gran poeta. Quiso guiarlo, protegerlo. Y él se enamoró de esta mujer porque era distinguida, hermosa y muy culta.

Los últimos años de la década del 30 fueron decisivos para Neruda. Regresó con Delia a Europa, se declaró antifascista, antinazi, pacifista y, más tarde, partidario de Stalin. En 1937 apareció en Chile su libro *España en el corazón*, y al año siguiente ya circulaba en el país ibérico aún en guerra. Neruda decidió viajar a Chile y, mientras, Delia siguió trabajando por los republicanos en España. La relación entre ellos estaba más viva que nunca y la distancia no era en absoluto un impedimento para mantenerse unidos. Delia viajaba de vez en cuando a Chile para encontrarse con Pablo y reunirse con los amigos en común.

"Al poeta le atrae la dispersión. Delia, en cambio, ejerce un poder que marca límites, regula horarios, evita excesos. Neruda acata, pero esa autoridad lo incita a escabullirse. Decir que van conformando una relación madre-hijo es demasiado obvio", comenta Fernando Sáez. No son solamente 20 años los que los separan, sino todo el aprendizaje de dos mundos disímiles que entran a tallar. El biógrafo de La Hormiguita describe sus diferencias: "Él es mucho más espontáneo, querendón, afectuoso. Delia, en cambio, aparenta cierta frialdad y su amor se expresa en la incondicionalidad, en un apoyo sin restricciones".

Neruda fundó la Alianza de Intelectuales de Chile para la Defensa de la Cultura y participó apoyando la campaña presidencial de Pedro Aguirre Cerda. Fue precisamente el triunfo del líder del frente Popular lo que hizo volver a Neruda a Europa, pues lo nombró cónsul para la emigración española con sede en París. Desde allá Pablo y Delia, con la colaboración de fieles amigos como Rafael Alberti, hicieron todas las gestiones para poner en práctica un ambicioso proyecto: trasladar hacia Chile a cerca de dos mil refugiados españoles en el barco *Winnipeg*. La empresa no estuvo libre de dificultades. La Hormiga querría haber subido a todos los españoles a la embarcación; pero al representante de Chile en Francia, Gabriel González Videla, esta idea no le gustaba, pese a que en Chile había sido presidente del Comité de Solidaridad con España. Sorteando las dificultades, el *Winnipeg* llegó a Valparaíso a fines del año 1939, poco después de haber comenzado la Segunda Guerra Mundial.

En 1940 Neruda regresó a Chile, pero por poco tiempo. Pronto asumió el cargo de cónsul general en México y hasta allá se trasladó con Delia. Ésa es la época en que aparece con mayor fuerza el compromiso político de Neruda con los pueblos americanos, con el comunismo y los soviéticos. Delia es en ese momento, como desde el principio, su apoyo y su motor.

Decidieron casarse en México en 1943. Según el escritor Edmundo Olivares, la pareja llevaba más de cinco años de una estrecha y afectuosa relación "de hecho", durante la cual les había tocado afrontar guerras, cruzar mares y cambiar países, siempre juntos y sin preocuparse mucho por su condición de convivientes. Delia estaba legalmente separada, y Neruda no; sin embargo, si se casaba en México, el matrimonio no era válido en Chile. Optaron por esta vía y la ceremonia se realizó en la ciudad de Tetecala, en el Estado de Morelos. Pablo tenía 39 años y ella estaba próxima a cumplir los sesenta. Un collar de plata que Pablo le regaló a la novia selló el momento crucial.

Al finalizar ese año, Neruda optó por renunciar a la vida diplomática para vivir en Chile. Regresaron recorriendo América, con Neruda dando entrevistas, estrechando manos, asistiendo a homenajes y despedidas, siempre con Delia animándolo y acompañándolo. Una vez establecidos en Santiago, la pareja se instaló en la casa de avenida Lynch, en la comuna de La Reina, que Neruda bautizó con el nombre de "Michoacán", en honor a la universidad mexicana que le había otorgado la distinción doctor honoris causa.

Famosa La Hormiga por lo distraída, era feliz invitando, pero luego se sorprendía cuando la gente llegaba a su casa. Para eso tenía a Lavinia Andrade, una gran dueña de casa que podía armar una comida para muchas personas en pocas horas. Según el biógrafo de Delia, Pablo partía muy temprano al mercado a buscar los ingredientes para cazuelas, curantos y corvinas. Las fiestas se improvisaban, y llegara quien llegara, había para todos.

Tomás Lago, en su libro *Ojos y oídos*, deja constancia del sistema de Delia. Cuenta que se daba una vuelta por la cocina para preguntarle a la cocinera qué pensaba preparar.

Generalmente, aprobaba el menú sin mayor comentario y daba por concluida su labor de dueña de casa. "Los amigos —dice Lagos— hacían urgentes viajes al almacén de la esquina para ir añadiendo ingredientes a la comida. Eran fiestas tipo malón."

La pareja también pasaba largas temporadas en la casa de Isla Negra y en ambas residencias solían recibir a sus amigos con regularidad.

Neruda se inscribió en el Partido Comunista y se convirtió en senador. En 1945 recibió el Premio Nacional de Literatura y todo parecía estar en paz. Sin embargo, al año siguiente, Gabriel González Videla fue elegido Presidente de Chile con el apoyo de los comunistas, pero dos años más tarde decidió alinearse con Estados Unidos y combatir a la Unión Soviética. En este marco, González Videla ordenó la detención de Neruda, quien decidió esconderse. Su partido, Delia y especialmente sus amigos, lo protegieron, escondiéndolo en diferentes lugares durante la mayor parte de 1948 y comienzos de 1949, hasta que pudo cruzar a caballo la cordillera hacia Argentina.

En esos años, Delia había forjado vínculos amistosos entrañables en Chile, tal como antes lo había hecho en el extranjero. Los chilenos Aída Figueroa y Sergio Insunza, ambos militantes del PC, recibieron a la pareja en su casa cuando Neruda era perseguido. No se conocían y llegaron de sorpresa a su departamento del Parque Forestal. Ante tan connotada visita, éstos le ofrecieron alojarse en su propio dormitorio, a lo que Neruda contestó: "Por ningún motivo. Dormiremos como cucharitas con Delia en la cama angosta".

Aída recuerda que

> eran una pareja cariñosa, bien avenida. Delia era un ser fuera de serie, inteligente, pura gracia y generosidad. Y

> eso que nunca tuvo mucho dinero. Sólo contaba con una renta que le manejaba el abogado Francisco Cuevas Mackenna, pero al parecer no era mucha, ya que las cosas en la estancia argentina no iban muy bien. A mí me pasaba dinero todos los días para las compras de la casa. Pasamos una Navidad juntos y nos tocó un cumpleaños porque Pablo no renunciaba a sus amigos. Un día —cuenta en forma graciosa— Delia la mandó a comprar ropa interior fina. Ella usaba todo negro y con encajes y tenía un corsé muy coqueto para levantar el busto. ¡A mí me llamaba mucho la atención todo eso! También me contó que cuando vivía en París usaba sábanas de seda. Después pasó a las de hilo y terminó durmiendo en sábanas de saco, porque había meses que no le llegaba mesada. Pablo me confidenció que cuando La Hormiga se fue a vivir a España, inteligentemente dejó de usar medias de seda porque no las podía pagar. Entonces empezó con las de lana. ¡Y se puso artesa!... pero manteniendo un estilo.

¿Cómo eran ellos? Delia, encantadora, pero enfática y apasionada. Pablo, más reflexivo. En esos tres meses que pasó en nuestro departamento escribió una parte del *Canto General* que se llama "La lámpara en la tierra", y aquí, en mi casa, lo tenemos bien guardado con todas las correcciones de puño y letra de Delia.

Entre 1949 y 1952 Pablo estuvo en Francia, en la Unión Soviética, en Polonia, Hungría y México. En este último país debieron quedarse más tiempo del esperado, debido a que el poeta sufrió una tromboflebitis —una vena inflamada de tanto andar a caballo en su huida por la cordillera de los Andes— que lo obligó a estar bastante tiempo en reposo. Para ayudarla con los quehaceres de la casa y los cuidados del enfermo, Delia decidió acudir a una chilena que en ese tiempo se encontraba allá, formando parte de una gira artística. Su nombre era Matilde Urrutia. Cuenta Volodia Teitelboim en su libro que en algún momento Matilde se acercó a acomodarle los cojines y Pablo le dijo: "¿No nos conocemos?". Y ella respondió que sí, que se habían conocido tiempo atrás, en el Parque Forestal de Santiago. En *Los rostros de Neruda*, Aída Figueroa relata que Matilde estuvo en la casa dos meses, y al irse Delia le agradeció su "desinteresada dedicación".

A partir de ese reencuentro inesperado, Pablo y Matilde no volvieron a separarse. De alguna manera, sin que Delia lo notara, siguieron los tres viajando por Europa. Delia y Pablo en un tren, Matilde en otro. Delia y Pablo en un hotel, Matilde en otro. Las escapadas del poeta eran frecuentes, pero Delia jamás se dio cuenta. Era conocida su distracción. Manuel Solimano, hombre de confianza y amigo inseparable de Neruda, afirma que

> era una mujer que vivía volando. Era tan clásica su mala memoria que cada vez que perdía algo, Pablo le decía tranquilamente: "Delia, ¿por qué no lo busca en el perdedero?". Con eso quería decir que lo buscara en la cartera donde echaba de todo.

Fernando Sáez confirma: "ella se olvida de todo, y pierde todo, pero tiene una verdadera maestría para saber a quién escribir, con quién tomar contacto. No se olvida jamás de lo que es conveniente para Pablo. Ésa es su meta".

Era tanta la confianza que Delia depositó en Pablo y tan sinceramente quería su bienestar que ese mismo año decidió testar en vida y dejarle toda su fortuna. Así lo explicó en una carta que envió a Gabriela Mistral, con quien ella y Pablo habían construido una gran amistad. Le pide que interceda para hacer válido su testamento. La misiva que a continuación transcribimos era inédita hasta la presente publicación y sólo fue posible darla a conocer gracias a la donación que nos hizo Doris Dana, albacea de Gabriela. La carta está fechada el 29 de enero de 1952:

> Mi queridísima, no vayas a tomar esto como sentimentalismo, romanticismo, pensamientos tristes, ni presentimientos raros. Yo me embarco mañana. Sé que se corren los mismos riesgos en las calles de una ciudad o las cuatro paredes de un cuarto si el destino *"s'en méle"*, pero siempre con Pablo hemos hablado, cada vez que viajábamos, de hacer cada uno un testamento. Nunca hicimos realidad este proyecto y ahora yo no lo puedo hacer porque sé que son trámites formales que no conozco y son engorrosos en país extraño, pero quiero dejar constancia ante Lucila Godoy, cónsul de Chile y querida y admirada amiga Gabriela Mistral, que todo lo que poseo como Delia del Carril de Reyes en Chile, o como Delia del Carril, en Argentina, viene por mi voluntad en derecho inalienable a Pablo Neruda. Yo sé que esta declaración en una carta no tiene más valor que el que des tú con tu inmenso prestigio, pero que sería determinante en el caso dado. No temo ninguna mala acción de parte de mi familia, pero algo hemos pensado los dos siempre en hacer un testamento. Apenas llegada a Buenos Aires, voy a legalizar este ideal. Te quiero mucho, Gabriela, quiérelo a Pablo, besos a Doris.
>
> (Firmado) Delia del Carril de Reyes.

Sin duda, una magnífica carta que demuestra los sentimientos nobles y la generosidad de Delia. Indagamos qué pasó con la correspondencia de Delia del Carril, pero la mayor parte de esas cartas desaparecieron. Inés Valenzuela dice que es probable que se las hayan robado. "Una vez vino una persona a arreglar sus papeles y después que se fue se habían perdido muchas cosas. Supimos que una de sus cartas enviadas por Pablo desde Capri, fue vendida en un alto precio en París."

En 1952 ella volvió a Chile sola, pero no porque se hubiese separado de Pablo, sino porque él le había pedido organizar el Congreso Continental de la Cultura, que se realizó al año siguiente en Santiago. Mientras tanto, el poeta estaba en la isla de Capri, Italia, junto a Matilde. Allá escribió y publicó una edición limitada de *Los versos del Capitán*, un poemario de amor y erotismo dedicado a Matilde, pero tuvo la delicadeza de dejarlo anónimo para no herir a Delia.

Inés Valenzuela, con memoria privilegiada, recuerda entretelones de los amores furtivos de Pablo. Ella es quizás uno de los testimonios importantes que existen aún en Chile en torno a la vida amorosa del poeta. Cuenta que cuando Delia regresó a Santiago, Pablo se dirigió con Matilde a Uruguay para compartir con los Mántara, unos viejos amigos. "Su estadía se prolongó mucho más allá de lo esperado y en tres oportunidades anunció su llegada a Santiago, pero Pablo no aparecía. Las idas al aeropuerto fueron una frustración para todos. Delia permanecía en silencio".

Pablo regresó a Chile finalmente presionado por un dirigente del Partido Comunista que viajó a Uruguay para insistirle en su regreso. Cuando Neruda volvió, también lo hizo Matilde. Delia no lo sabía o no quería saberlo. Después de todo, durante la separación ella había recibido afectuosas cartas de Pablo.

Aída Figueroa y Sergio Insunza se reencontraron con Pablo y Delia en 1952, cuando ambos estaban pasando una temporada en la casa de calle Lynch. Ambas parejas vivían dentro del mismo barrio, lo que facilitaba la cercanía. Aída acarreaba a Neruda en su auto y muchas veces se dirigían a Bellavista, a reuniones del Comité Central del Partido Comunista.

> Después me enteré —dice en su libro *Rostros de Neruda*— que eso no era cierto. En realidad, iba a encontrarse con Matilde en La Chascona, que estaba en construcción. Pienso que fueron muy descarados los comienzos de esos amores, aunque, a decir verdad, yo ni siquiera sospechaba de su existencia. Delia no era celosa. Aceptaba que giraran en torno a su marido una cantidad de señoras y algunas señoras bastante incitantes, como Teruca Hamel, pero La Hormiga las celebraba a todas. No pensaba ni remotamente que nadie tuviese otras intenciones que no fuesen amistosas o literarias.

Inés Valenzuela tiene otra visión sobre los celos de Delia. Cree que a veces sí los sentía, pero que se debía "a la impertinencia de algunas mujeres". Y recuerda: "Una tarde, mientras Pablo dormía siesta, una se metió en su pieza. Era una extranjera muy insistente. Delia no sabía que me había dado cuenta y me pidió que entrara a sacar la guía de teléfono porque la necesitaba. Yo no quería, pero ella me hizo entrar. Era su manera de reaccionar sin escándalos.

¿Pero Pablo debe haber sido muy coqueto? No, para qué mentir. Eran las mujeres... Vivía feliz con Delia. Tan ocupados estaban que a ella no le quedaba tiempo para la pintura. Pablo la absorbía mucho. No dejaba ni un momento a La Hormiga.

¿Cómo eran como pareja? Muy cariñosos. Cuando Pablo llegaba a la casa gritaba: "¿Hay Hormiga o no hay Hormiga?". Eran una pareja tierna y Pablo, más cariñoso y demostrativo que ella.

Sin embargo, Neruda fue absorbido por su nueva relación. Matilde era una mujer de mundo que se ganaba la vida como cantante en diversas boites y teatros de México. No tenía prejuicios y era dueña de un físico bastante exótico. Cabellera roja y rizada.

La pasión se había desatado.

La ruptura, tarde o temprano, tenía que ocurrir. Aída Figueroa recuerda: "En una comida en mi casa, en mayo de 1955, noté a Delia tensa, apenada, triste. Era muy inusual en ella. Le pregunté si se sentía mal y me dijo evasivamente que se encontraba perfectamente bien".

No era cierto. Finalmente se había enterado de la existencia de Matilde y de la importancia que había cobrado su presencia en la vida de Pablo. Es que en Chile el tema de la infidelidad de Pablo era un secreto a voces. Incluso Pablo le pidió a Inés Valenzuela que le contara a Delia del asunto.

"Yo lo hice a regañadientes —afirma Inés—. Le conté que Matilde era esa chica que le ayudaba a planchar sus blusitas, que le buscaba los anteojos a Pablo cuando vivían en México."

¿Cómo reaccionó Delia? La Hormiga puso una cara como de no saber de qué estaba hablando. Ella se negó a creer. No acusó el golpe. Nada parecía inquietarla... hasta que dos meses después se encontró con la evidencia: una carta de Matilde en la chaqueta de Pablo. Un mozo se la mostró, según me contó Delia. Todos sabíamos que Pablo tenía a Matilde instalada en algún lugar, pero cuando Delia leyó esa carta, dijo

una sola frase: "¡Ahora todo se acabó!". Así se produjo el rompimiento definitivo. Nosotros veíamos que Pablo no quería separarse. Por eso le dije: "Hormiguita, ¿por qué no lo reconsideras?". Pero ella me dijo: "¿Tú aceptarías una cosa así?".

En días previos a este incidente, el secretario general del Partido Comunista, Galo González, llegó a hablar con Neruda, que se encontraba escribiendo debajo del castaño en Lynch. Era temprano. Delia no solía levantarse antes de las 11. Hablaron seriamente y Galo le planteó a Pablo que la situación era demasiado delicada y que tendría que elegir entre una u otra mujer.

¿Qué le respondió el poeta? Dijo que no quería separarse de ninguna de las dos. Quería muchísimo a Delia y amaba a Matilde. Pablo tenía instalada a Matilde en un departamento en calle Los Leones y siempre buscaba el pretexto para arrancarse después de almuerzo. Margarita Aguirre lo ayudó mucho. Le decía "Margarita porque no me llevas a ver unas cosas". Siempre quería ver curiosidades… y partían a comprar. Pero iba a ver a Matilde.

Pero todo era tan obvio. ¿No le parece? Así fue. Todo este período duró como un año. Debe haber sido entre 1953 y 54. Delia seguía haciéndose la tonta… Y podría haber continuado si no fuera por el asunto de la carta.

¿Usted la leyó? No. Nunca me la mostró. Supongo que Delia la quemaría.

Por todos los amores, da la impresión de que Pablo era un donjuán… No lo era —afirma enfática—. Pablo era un hombre tímido. No tenía ninguna cancha. Cuando vivía con ellos en la casa de Lynch veía cómo las mujeres se le iban a echar a sus brazos. Y no era Pablo el que provocaba. Jamás fue un seductor, pero las mujeres querían acostarse con el gran poeta. Eso era todo. Estoy segura de que si no hubiese sido poeta nunca habría pasado nada.

¿Tenía fama de ser un gran amante? Yo diría que no. Los hombres vivarachos lo son. Ellos buscan, seducen, andan a la caza, pero Pablo era tranquilo. Tampoco era atractivo físicamente. Muchas mujeres le coqueteaban. Sara Vial, la poetisa porteña, era gran amiga. Bella mujer que él admiraba. Por algo, Matilde le tenía unos celos tremendos.

El mismo día de la ruptura, Delia se fue a la casa de una amiga, y al día siguiente voló a París. Pablo le mandó un telegrama rogándole: "Hormiguita, vuelva, usted es la reina de esta casa, todo sigue igual". Ella no acudió al llamado. Pero aun en esas circunstancias tan adversas, La Hormiga fue leal y, por cierto, elegante. "Jamás logré sacarle a Delia una palabra contra Pablo, dice Inés Valenzuela. Lo que ella pensaba de la situación será siempre un misterio que se llevó a la tumba."

Manuel Solimano añade que Pablo siempre hablaba maravillas de Delia. La separación fue una gran sorpresa para todos.

¿Qué recuerda del momento de la ruptura? Fui a su casa por casualidad, una hora después del quiebre matrimonial. Noté que Pablo estaba alterado y triste. Nos pidió a mi mujer y a mí que nos quedáramos. Delia había partido. Pablo nos informó: "Tengo una mala noticia para ustedes que quieren tanto a La Hormiga. Nos acabamos de separar".

El pintor Nemesio Antúnez —gran amigo de Delia— fue a verla pocas horas después de enterarse de la triste noticia. En un homenaje a Delia publicado en revista *Paula*, relató: "Cuando la vi, me hizo pensar en una niña que se quedó en el altar esperando al novio que no llegó. Estaba mal ese día. Hubo que darle calmantes".

Los días que siguieron también fueron negros para Pablo, que escuchaba todo tipo de recriminaciones. Cuenta Aída Figueroa que el poeta "sufrió mucho, porque también hubo amigos que lo condenaron. Fue una pérdida de un sistema de vida. Y como él era de los optimistas que viven la vida y no lloran la muerte, se aferró a la Matilde".

Los amigos fueron fieles a Delia, y en ese estado de ánimo escribió "Por fin se fueron".

Todos golpeaban a la puerta
y se llevaban algo mío,
eran gente desconocida
que yo conocía muchísimo,
eran amigos enemigos
que esperaban desconocerme.

(De *Estravagario*)

Inés Valenzuela cuenta que ni ella ni su marido volvieron a compartir con Neruda después de la separación con Delia. Matilde lo impidió. "Nunca más nos invitaron —relata Inés. Tomás Lago no fue aceptado por Matilde en su casa porque descubrió que había hecho circular una carta para recolectar firmas en apoyo a La Hormiga.

Años después, Delia regresó a Chile e hizo cambios radicales en su vida. Por fin se dedicó a ella misma y Antúnez la motivó nuevamente a pintar. "La llevé de la mano al Taller 99 y ahí brilló como artista. Pintó cabezas, rosas, llamas. Después pasó a los caballos."

"Los conocía tan bien —comentó Roser Bru—. Sabía la ubicación de cada hueso. Ella y el caballo fueron una sola cosa." Con el correr de los años, sus caballos fueron creciendo. Se hizo famosa. Conmocionó por su talento y encanto. Fue la mejor testigo de su propio lema: "Todo debe ser demasiado".

Murió el 26 de julio de 1989 a la edad de 105 años. Combatió hasta el final.

Su última entrevista

En agosto de 1982 publicamos quizá la última entrevista a Delia, cuando tenía 98 años de edad, en el suplemento "Buen Domingo", del diario *La Tercera*. Sus recuerdos eran muchos, algunos dispersos, pero al hablar de Pablo su cara se iluminaba y sonreía coquetamente.

Ese día pidió a su fiel Rosita que la maquillara, como a ella le gustaba. Un collar de perlas grandes rodeaba su cuello. Su dormitorio era el único lugar de la casa tibio y habitable. El resto estaba semiabandonado. Muchos de sus cuadros, con sus característicos caballos, botados en el suelo. El jardín, en ruinas. Resultaba difícil recordar que en esa casa del barrio Los Guindos, en calle Lynch, vivía con Pablo, rodeados de amigos. Tiempos pasados donde había alegría, dinero y amor. Al verla sonreír, asoma su finura.

Delia, ¿qué recuerda de su vida de casada? Me acuerdo de que siempre había mucha gente en nuestra casa, una cantidad enorme que entraba y salía.

¿Cómo fue Pablo como marido? ¿Qué rasgo es el que más recuerda de él? Estuvimos casados durante 20 años. Mira, como ser humano era magnífico. Un hombre excelente, siempre dispuesto a ayudar a los demás...

Se dice que en España la apodaron "La Hormiguita". ¿Por qué? Es que allá había tantas cosas que hacer, y yo no paraba ayudando a los demás a reunir dinero para tal o cual escritor que lo necesitaba en esa difícil época (se refiere a la Guerra Civil Española). Un día, Isaías Cabezón dijo: "Esta Delia es una Hormiga", y desde entonces todos me llamaron así, hasta Pablo.

¿Cómo se enamoró de Pablo? Mire, m'hijita (dice sonriendo), andábamos todos en grupo y él me llamó la atención. La vida nos llevó a enamorarnos. Nos enamoramos de golpe, y éramos muy felices. Yo evitaba siempre que él lo pasara mal.

¿Usted le ayudaba mucho en su trabajo? Claro. Era natural. Yo le leía las cosas. Él cada vez me atraía más a su órbita personal.

¿Qué le gustó de él? (Sonríe nuevamente, suspira, pero no responde).

Los recuerdos son lindos... Sí..., pero a veces los recuerdos son dobles.

¿Cómo es eso? Porque yo sentía de una manera, y supongo que él de otra. Pero aun así estábamos siempre juntos.

¿Cómo se las arreglaba para atender a tantas visitas que frecuentaban esta casa? Siempre había mucha gente, pero no nos importaba. Nos arreglábamos de alguna manera.

¿Cocinaba algún plato en especial a Pablo? (Se ríe con ganas) ¡Creo que me echarían de la cocina!, nunca en mi vida he cocinado.

¿Por qué le gusta tanto pintar caballos? Pero, mi amor, ¿sabes?, me traen recuerdos de la estancia en que vivíamos con mi familia en Argentina. ¡Hacíamos barbaridades a caballo..., saltábamos!

¿Se acuerda todavía mucho de Pablo? Sí. Me gustaría verlo.

Le entregamos algunas fotos de Neruda que habíamos preparado para el encuentro. Las mira con dulzura... Es como si el tiempo se hubiese volado. El amor seguía presente en su mirada. Poco a poco se queda abstraída. Los recuerdos se van extinguiendo, pero su cuerpo sigue luchando por subsistir.

Rosita: La fiel cuidadora

Rosita Callejas, la persona que cuidó durante sus últimos 18 años de vida a La Hormiguita, todavía vive en la casa de Lynch. Desde que Delia murió, la Corporación Cultural que lleva su nombre le encargó el cuidado de la casa. La recorrimos nuevamente después de 22 años cuando entrevistamos a Delia en 1982. Su habitación está intacta. Su sencilla cama de rústica madera no refleja para nada el esplendor en que vivió. Por ahí dispersas hay unas cuantas fotos de Pablo y ella en Madrid, de la época en que eran una pareja admirada por los intelectuales europeos. En una mesa, a los pies de su cama, un ánfora sostiene sus cenizas.

Ahí reposa. Ahí está su recuerdo.

Rosita se llena de alegría cuando habla de La Hormiguita. "Lo maravilloso que tenía era su alegría de vivir. Siempre se reía. Doy fe de que al momento de morir tenía una sonrisa en sus labios. Yo la sostenía en mis brazos y le dije apenada: '¿Te vas a ir, Hormiguita? ¿Me vas a dejar sola?' Respondió que sí y cerró los ojos."

¿De qué murió? De viejita, nomás. Tenía 105 años y diez meses.

¿Le dejó algún recuerdo? Sí, un grabado que ella tituló "El caballo y la caballita". Es un abrazo de amor. Y me escribió una dedicatoria bien divertida. También me dejó un afiche.

¿Le hablaba de Pablo? Nunca. Yo tampoco le preguntaba por temor a que se pusiera triste.

¿La visitaban sus parientes de Argentina? Nunca. Sólo vino un sobrino hace unos pocos meses. Ella siempre se acordaba de su hermana Adelina. Le habría gustado tenerla cerca. Los únicos que la venían a ver eran sus amigos pintores como Nemesio Antúnez, Roser Bru y otros. También la señora Inés Valenzuela.

¿Vivió pobremente? Yo diría que con lo justo. Comía muy poco. Apenas probaba la comida.

¿Se siente usted muy sola? No, porque converso con ella todos los días. Me parece que está a mi lado y siempre le doy gracias por todo lo que me enseñó. ¿Y sabe cuál era su secreto? Vivir siempre con la verdad. Así se puede ser feliz.

¿Cómo era la generosidad de Delia? Muy grande. Siempre lo dio todo. No tenía apego al dinero. Cuando recibió 100 mil dólares de su herencia de Argentina, 50 mil se los dio a la primera esposa de Pablo, María Antonieta. Ese dinero era para que ella le diera la nulidad, pero no se la dio nunca.

8

Matilde Urrutia
El amor hecho verso

No fue fácil llegar a Matilde. La conocí en 1982, después de mucho insistirle para que diera una entrevista. Un lluvioso día de invierno me recibió en Isla Negra. Frente a mí estaba una mujer distante, desconfiada. Molesta por la situación política e indignada con el gobierno militar que le había arrebatado tantas cosas. Aún no se resignaba al rápido fallecimiento de Pablo. Estaba convencida de que con su cáncer hubiera vivido mucho más, pero que los hechos violentos del 11 de septiembre habían acelerado su partida. Además, un sobrino directo, David Edison Urrutia Galaz, había sido detenido. Nunca lo pudieron encontrar, y a partir de su secuestro Matilde se unió a la causa de los detenidos desaparecidos. Por todas estas razones justifiqué después su actitud poco afable. Pero necesitaba el testimonio directo de la protagonista para conocer esta apasionante historia de amor.

Fueron meses de insistencia antes de aceptar la entrevista. Sería la primera vez —desde la muerte de Neruda— que ella abriría la casa de Isla Negra, que había permanecido cerrada desde que fuera expropiada por el gobierno militar en 1973. La propiedad quedó en manos del Ministerio de Bienes Nacionales, aunque Matilde podía hacer uso de ella.

El reportaje inició la serie "Recordando a Neruda". Impacto periodístico que sacó a Neruda de un silencio que no merecía. Miles de chilenos pudieron así entrar a Isla Negra por primera vez, a nueve años de acaecida su muerte, y de la mano de Matilde.

De carácter fuerte y dominante, estaba decidida a cumplir con los deseos de Pablo. Algún día recuperaría la casa de Isla Negra. Algún día lo sacaría del Cementerio General para enterrarlo en el lugar señalado por él.

Compañeros, enterradme en Isla Negra,
frente al mar que conozco

Algún día lograría también sentar las bases de la Fundación Pablo Neruda. Pero nada de eso se había podido concretar en 1982.

A diferencia de Delia, quien nunca lo inspiró en lo amoroso, Matilde desató en Neruda las más violentas pasiones, pero también, arrebatos y celos. Era más joven, ocho años menor que Pablo, pelirroja, desafiante y liberal. A ella nunca la tuvo segura a su lado.

El autor Eulogio Suárez afirma que "Matilde no es sólo la amante y la amada. Es también la madre necesaria. La compañera, la súbdita y la generala. Es la contradicción capaz de empequeñecer al gigante".

Esta chillaneja que nació el 5 de mayo de 1912 fue siempre una mujer voluntariosa e independiente, características que heredó de su padre, don José del Ángel Urrutia, a quien ella no alcanzó a conocer, pues murió cuando tenía sólo un año de vida. De su madre, María del Tránsito Cerda, heredó una belleza exótica y el raigambre a la tierra.

La vida adolescente de Matilde fue difícil. Toda su familia debió emigrar a Santiago en busca de mejores oportunidades. Sus hermanos Jacinto, Ángela, Mercedes, Francisco y Luis lo hicieron antes que ella. Su afición al canto le permitió inscribirse en el Conservatorio de Música, pero debió trabajar simultáneamente para costear sus estudios. Lo hizo en la tienda Gath & Chaves, en Correos y en el Seguro Obrero.

De la mano de su profesora Consuelo Guzmán, y luego con Blanca Hauser, se inició su formación musical. Curiosamente, fue en un concierto en el Parque Forestal de Santiago en 1946, al que asistió con Blanca y su esposo, Armando Carvajal, donde conoció al poeta. Matilde recuerda en *Mi vida junto a Neruda*, su libro de memorias:

> Miré a Pablo de perfil y me pareció que jamás había visto ojos iguales a los suyos. Le pregunté a Blanca que quién estaba a su lado y me contestó: "¡Ignorante! Es Pablo Neruda" (...) En ese momento, vuelve la cara, me mira (...) Al poco rato, habla algo con Blanca: "Pablo me ha preguntado que quién eres tú". Cuando terminó el concierto en el parque, nos invitó para el día siguiente a su casa.

No se sabe cuántas veces más se vieron, pero Volodia Teitelboim, en *Neruda*, da a entender el tenor de esos encuentros: "sucedió lo que suele suceder entre un hombre y una mujer, todo en medio del fragor de la campaña presidencial de 1946". El escritor se refiere a la campaña por la Presidencia de Chile de Gabriel González Videla, en la que Neruda fue nombrado jefe nacional de Propaganda.

Aparentemente, el poeta olvidó esta aventura hasta que, tres años después, volvió a ver a Matilde en México. Ella se había radicado allá y había puesto en funcionamiento una escuela de música. Se sentía realizada dando clases. Neruda también estaba en México, pasando su tiempo de exilio junto a Delia del Carril, con quien se había casado en 1943. A pesar de que una tromboflebitis mantuvo al poeta en cama durante dos meses, a su hogar llegaba mucha gente. Según Volodia Teitelboim, su casa parecía

> un salón literario o una taberna al atardecer. Y también, como era de rigor, llegaban mujeres. Un rostro tal vez entrevisto antes, unas manos ágiles que comienzan a arreglar la cama del enfermo, a acomodarle la almohada, a sostenerle la cabeza para darle los medicamentos prescritos.

Esa "enfermera" sorpresiva que llegó a su casa era Matilde. Pablo no la recordaba, pero ella no había olvidado la aventura vivida tres años antes. La estrategia dio resultados. Matilde no tardó en trasladarse a vivir con Pablo y Delia para cuidar del enfermo. Había logrado su objetivo, disponía del tiempo y la cercanía suficientes para reconquistarlo.

Delia no sospechaba lo que ocurría.

Inés Valenzuela, antigua amiga del poeta, afirma que Matilde en México

> trabajaba como artista. Cantaba en distintos teatros. Además tenía sus amores por esos rincones. Se habló

> mucho de una relación con el pintor Diego Rivera. Ella quería irse a vivir con Diego, pero él le habría contestado: "Mientras Frida (Kahlo) viva, no entrará otra mujer a mi casa".

En esas circunstancias adversas, Neruda se enamoró. Ella tenía 37 años y él 45. Un amor apasionado y conflictivo que era necesario mantener en el anonimato. A partir de ese momento, el poeta comenzó a llamarla Rosario. Sería su nombre en la clandestinidad. En *Canto General*, en el poema "Que despierte el leñador", pide paz para su mano derecha, "que sólo quiere escribir Rosario". En esa época, Diego Rivera le hizo el célebre retrato con dos cabezas: una es Matilde y la otra, Rosario. Dos nombres para la misma mujer.

Neruda inventaba cualquier disculpa para estar cerca de ella. Había pasado diez meses en Ciudad de México y decidió partir a Europa con Delia y Matilde, sin que su esposa lo notara. Ya no se separaría más de su "Matildina Silvestre".

"Esta relación que comenzó inesperadamente —dice el profesor Luis Rubilar— convirtió a Matilde en la mujer que con 'ardiente paciencia' esperaba. A los 37 años se convierte en la 'elegida', la Matilde bien amada."

Matilde fue la gran musa inspiradora del poeta en edad madura. A diferencia de Delia, a ella le dedicó varios libros: *Los versos del Capitán*, *Cien sonetos*, y muchos poemas en libros como *Estravagario* y *La barcarola*.

Este nuevo amor entró echando la puerta abajo.

> *Soy yo, amor mío,*
> *quien golpea tu puerta.*
> *No es el fantasma, no es*
> *el que antes se detuvo*

en tu ventana.
Yo echo la puerta abajo:
yo entro en toda tu vida:

(De "La pregunta", en *Los versos del Capitán*)

Nosotros también golpeamos fuerte su puerta. Matilde tuvo que ceder.

La llegada a la "isla" fue tensa. Matilde deambulaba nerviosa por la casa, y recordamos cómo la veía el propio poeta.

> Las mujeres andan siempre muy ocupadas. Matilde tiene cara de sol, ojos de ágata. Qué andará buscando? Qué anda resolviendo? No para en el día entero. Cunde y se despliega como la ola. Tarde ya se dormirá sobre la espuma de los sueños.
>
> (De *Geografía de Pablo Neruda*)

Hay mucho quehacer en esta inmensa casa situada a unos 120 kilómetros de Santiago. Pequeña y sólo de piedra fue en sus comienzos.

La verdad es que hice mi casa
allí entre las rocas para esperar
de la arena, para estar allí
mismo cuando salga.

Matilde nos esperaba y, tal como Neruda la describió, se movía de un lado al otro, intranquila. Bastante nostálgica, pero bien repuesta de una enfermedad que la aquejaba. En esos momentos, no imaginaba que se le estaba desarrollando un cáncer al estómago. Lucía algo pálida, con su pelo corto rubio. Muy delgada y con poco humor para conversar.

Matilde Urrutia en su juventud trabajaba de cantante
y actriz de teatro (década del 40).
Fuente: Fundación Neruda.

La pareja en pleno idilio en Isla Negra, 1952.
Fuente: Fundación Neruda.

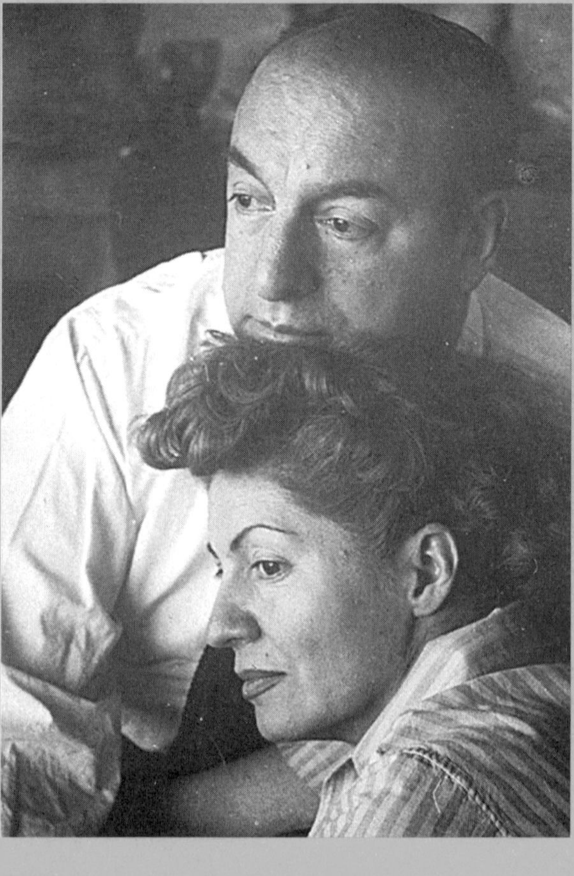

Matilde, o Rosario de la Cerda en la clandestinidad, fue la mujer que más inspiró al poeta, 1953.
Fuente: Fundación Neruda.

En Isla Negra, 1953.
Fuente: Fundación Neruda.

Pablo y Matilde junto a la escritora Teresa Hamel, amiga de Neruda durante mas de veinte años, 1965.
Fuente: Andrés del Campo Hamel.

"Matilde tiene,/ cara de sol, ojos de ágata. Qué anda buscando?".
En nuestra entrevista en Isla Negra, 1982, la viuda nos contó los pormenores de su vida junto a Pablo.
Fuente: Centro de Documentación Copesa.

Pablo Neruda junto a Rosarito Campos, hija de Alicia Urrutia, cuando todos vivían en Isla Negra (década del 60).
Fuente: Luis Poirot.

Boda de Rafael Plaza, más conocido como "Rafita", el carpintero de Isla Negra en el día de su matrimonio con Yolanda Saldaño. Pablo y Matilde fueron padrinos de la boda, 1965.
Fuente: Rafael Plaza.

Alicia Urrutia con su hija Rosario asisten a la boda de "Rafita". La pasión de Pablo por Alicia ya se había encendido.
Fuente: Rafael Plaza.

No quería hacer declaraciones. Se comprometió a mostrar la casa únicamente para honrar el nombre del Premio Nobel.

Llovía intensamente y la bruma cubría gran parte de la costa. Un día gris, frío. Una casa húmeda que ella trataba por todos lados de calentar con chimeneas y estufas.

No quería que le hablaran de la posibilidad de convertir la casa en un museo. Sólo decía: "Esta casa ahora no es mía. Pertenece al Gobierno. A Bienes Nacionales, y mientras ésa sea la situación, museo no habrá".

Debe costarle mucho trabajo a usted mantener esta enorme casa... Esta casa se cuida sola. Hay unos cuidadores, pero es tan grande que no se termina nunca de limpiar. Hay tantas cosas de Pablo por todos lados... Los libros ahora en invierno están guardados, porque son muy valiosos y se pueden echar a perder.

¿Nunca le han entrado a robar? Jamás. La gente siempre ha sido muy respetuosa. Todo el mundo quería tanto a Pablo.

Caminamos por el patio de piedra de la entrada, donde la figura de un hipocampo nos salió al paso. Matilde nos llevó primero al bar, el lugar íntimo de Pablo y sus amigos. Allí empezaba el recorrido por las asombrosas colecciones del poeta. Mil historias para cada una de las múltiples piezas de museo. Llamaba la atención una serie de zapatos de madera en distintos tamaños. Matilde explicó que Neruda los compraba casi todos en Temuco, donde existía la costumbre de colocar objetos a modo de cartel en la entrada de las tiendas. El poeta se había encaprichado con ellos y, como en tantas ocasiones, le insistió al dueño hasta lograr que se los vendiera.

Matilde esbozaba una sonrisa al recordar a Pablo:

> Todo le obsesionaba. Le gustaba comprar donde estuviera. En Chile o de viaje por el mundo, desde un caballo de madera tamaño natural a un libro antiguo; desde una llave a un bidet decorado; desde una mariposa exótica a una botella de vino; veleros en miniatura, ruedas de carretas, máscaras, piedras de colores, cristales.

Todo lo coleccionaba. Pero los que más dolores de cabeza le dieron fueron, sin duda, sus famosos mascarones de proa. Los compró en diferentes rincones del mundo a través de datos de anticuarios y coleccionistas como él.

Matilde aseguró que no era una gran complicación traerlos a Chile. "Lo difícil —dijo— es cuando a uno se le llena la maleta; pero cuando se trata de embalajes, el problema lo tenía el embalador. Y Pablo se encargaba de arreglarlo."

La delgada Matilde se sentó un rato en una de las mesitas del bar. La silla del lado estaba vacía. Había nostalgia en su mirada y en todo momento se sentía la presencia del hombre-poeta que en tantos versos le declaró su amor apasionado:

> *Mi fea, dónde están escondidos tus senos?*
> *Son mínimos como dos copas de trigo.*
> *Me gustaría verte dos lunas en el pecho:*
> *Las gigantescas torres de tu soberanía.*
>
> (Del "Soneto XX", de *Cien sonetos*)

La saqué de su silencio para preguntarle sobre los nombres escritos en las vigas de madera. Inmediatamente responde: "Son sus grandes amigos. Ahí están tallados García Lorca, Alberti, Paul Eluard, Miguel Hernández, Pablo Picasso... Aquí se reunía a tomar sus tragos con sus amigos". Matilde comentó que para invitarlos a tomar les decía: "¡Vamos a navegar en seco!".

Ella no quería alargar mucho tiempo la visita y nos llevó, por fuera, hacia el comedor.

Como si se tratara de un santuario, describe: "Aquí estamos en la parte antigua de la casa. Luego Pablo le agregó el salón, hizo el dormitorio en el torreón y más adelante construyó la biblioteca y su escritorio".

Una mesa redonda para ocho personas forma el comedor principal de la casa. Tras la silla donde se sentaba Pablo, Matilde señaló a Morgan, un mascarón dueño de una historia singular que ella se encargó de relatar. Neruda pasaba unos días en París, a su regreso de la Unión Soviética, cuando supo de un anticuario que tenía un viejo mascarón inglés. Lo fue a visitar, pero le dijeron que andaba de viaje. A su regreso, le preguntó el destino de su reciente viaje. Entonces el coleccionista le respondió: "Fui a Chile a la casa de Pablo Neruda, porque quiero comprarle unos mascarones de proa...". El poeta respondió: "¡Pero ese señor no vende!, él compra mascarones". Sorprendido, el anticuario preguntó: "¿Y cómo sabe usted?". "Porque yo soy Pablo Neruda", replicó divertido.

Después del encuentro, terminó comprándole el famoso Morgan a un precio que nadie recuerda. Pero el caprichoso mascarón siguió haciendo noticia. Una vez instalado en Isla Negra, en la pared principal del comedor, un día cayó estrepitosamente al suelo, rompiendo un mueble y la loza. El poeta se libró del accidente porque no era hora de almuerzo.

Pasamos al salón por una puerta angosta e incómoda, producto de las múltiples ampliaciones de la casa. El living es amplio, con un altillo de madera del cual cuelgan varios mascarones como señoras altivas que miran inquisidoras.

Te puedes sentar viajero, en esta
casa de piedra: es tarde tal vez
bajo tu bandera, en tu patria.
Aquí siempre es temprano y
el fuego está por encenderse.
Algunas figuras errantes, de los navíos,
se perdieron de ruta y aquí persistieron,
falsamente atadas: libres en realidad, dispuestas al mar
quieto, capaces de irse otra vez
a sus itinerarios.

(De *Geografía de Pablo Neruda*)

"Era muy difícil hacerle un regalo a Pablo", afirma Matilde. "No le gustaba cualquier cosa. Casi todo lo que le apasionaba era del mar." Y vuelve de sus recuerdos para quejarse de la temperatura. "¡Está muy frío aquí! Esta chimenea no da calor suficiente todavía", decía incómoda.

Afuera se veía una casita pequeña que parece descolgarse hacia el mar. Curiosa su forma y ubicación. "¿Qué es?", le pregunté. "Nada", comentó parcamente.

Es una construcción callampa espantosa. Íbamos a demoler eso un poco antes de que Pablo muriera. Un día, en la playa, le dije que deberíamos eliminarla. "La vamos a sacar", dijo él, pero en esos días pasó todo y Pablo murió. Desde entonces yo siempre le pregunto a la gente si debo sacar esa cabaña, y todos me dicen que no. Esto lo construyó Pablo cuando la casa era muy pequeñita. Él se hizo ese lugar y ahí escribía frente al mar.

Fotografiar esa inmensidad de living con tantos mascarones, con colecciones diversas, no resultó una tarea fácil. Matilde se negó a posar e insistía en que termináramos pronto. El ambiente estaba muy frío y el lugar parecía poco acogedor para ella. El fuego, en cambio, estaba vivo y echaba vigorosas chispas.

Nuevamente salimos al patio para trasladarnos a la biblioteca y escritorio de Neruda. Una construcción de madera con muchos cristales, estanterías en todas las paredes para albergar los cientos de libros que formaban parte de su tesoro bibliográfico. Aparecieron las colecciones de veleros en botellas, máscaras traídas de la India y África, mariposas extrañas... Y encontramos a La Guillermina: un enorme mascarón de proa que representa a una joven mujer con prominente busto y dos pezones de ágatas. Según Manuel Solimano, el hombre que siempre estaba disponible para trasladar hacia la casa de Isla Negra las compras que Neruda hacía, esa adquisición la hizo el poeta en Lima. Después de un recital de poesía, una señora se le acercó para decirle que había una Guillermina que le podía interesar. Al enterarse de que se trataba de un viejo mascarón de velero, el poeta aceleró la despedida y partió en búsqueda de su nuevo juguete. Y como los pezones estaban muy gastados, se le ocurrió ponerle unos postizos de piedra ágata, rosadita para que parecieran naturales.

Siguiendo los pasos de Matilde por la casa, entré al lugar donde Pablo escribió cientos de poemas acompañado por el ruido del mar. Ella dijo:

> En este escritorio bien apolillado escribía Pablo. Aquí estaba casi siempre con su secretaria. Cuando escribía solo, lo hacía en una salita que está al fondo. Como esto está en mal estado tengo todo medio desmantelado. He tenido que sacar la corteza y poner aceite y desinfectar.

Matilde se refería a la invasión de termitas que amenazaba la estructura de la casa. La batalla contra esos dañinos huéspedes sigue hasta hoy; todas las estructuras de madera están en permanente revisión y cuidado para evitar que sean socavadas.

Una veintena de máscaras negras, de magia africana, mira impávida a los visitantes. Más allá aparece otro mascarón, una bella mujer de cara redonda y ojos azules de cristal, que fue bautizada por Neruda con el nombre de María Celeste. Al centro, una mesa hecha con ruedas de carreta sostiene innumerables objetos de arte. Se divisa un lavatorio antiguo de hierro y porcelana. Existen cientos de objetos que no se pueden contabilizar en una primera visita, además de sus libros guardados, que no fue posible tocar.

Matilde se sentó frente a la chimenea y señaló: "Este sillón era su predilecto… Yo te voy a mostrar los lugares donde él se sentaba…". Y no lo hizo, porque su vista quedó fija en la chimenea, y no pudo evitar su propio entusiasmo: "Tiene el valor de haber sido construida por una gran artista en piedra que es María Martner. Ella la hizo en laja y le incrustó ágatas y conchas petrificadas encontradas aquí". Una ágata gigantesca brilla en un costado. Matilde explicó que Pablo la había comprado a un anticuario en Europa.

Pasamos, finalmente, al escritorio privado del poeta.

Un rincón romántico construido todo en madera rústica, con cortinas tejidas a crochet en pita blanca. Faltaba su silla porque estaba en reparaciones.

> *Cuidado que voy a escribir!*
> *Por favor entre, irrumpa,*
> *líbreme de mi tarea. Cúmplase, navegue por mi*
> *casa, que yo seguiré con mi escritura, tan campante!*
>
> (De *Geografía de Pablo Neruda*)

Claramente, Matilde no se daba con facilidad. Pero el primer paso se había logrado. Faltaba ahondar en su vida amorosa. Pocas semanas después ya teníamos la certeza de que confiaba más en el objetivo de la serie periodística. Apreció lo que se iba publicando domingo a domingo. Eso nos permitió llegar a una segunda entrevista. Más profunda, más íntima.

Nos recibió en La Chascona, la casa de Bellavista que Pablo hizo construir para ella. Nos tenía una sorpresa: en sus manos estaban los originales de *Los versos del Capitán* y el Álbum de Capri. Era su tesoro más preciado. Los originales eran pequeños papelitos, muchos arrugados y viejos, donde el poeta iba dejando estampado su amor y sus celos. Algunos, como "El tigre", escritos durante una sesión de un Congreso en Viena. Otros, en un ferrocarril, o sentado en un café parisino. El Álbum, en cambio, era un gran cuaderno donde Pablo fue anotando frases, pegando poemas escritos a máquina, flores y hojas secas, dibujos, dedicatorias como de un joven adolescente, fotografías de Matilde, de él, de los dos abrazados, sonriendo, besándose. Un testimonio vivo y eterno de lo que fue su estadía en la isla.

"¿Se daba Pablo en el amor?", le preguntamos a Matilde. Ella respondió segura: "No había nada que Pablo no diera. Se daba entero en todo momento. Era un hombre extrovertido. Todo lo conversaba. Él me hizo ver cosas que antes yo no veía".

La idílica estadía en aquel rincón de Italia surgió después de muchos encuentros y desencuentros vividos durante la época en que Neruda estaba exiliado y había recorrido junto a Delia distintos países de América y Europa. Como ya sabemos, después de su paso por México, los viajeros aumentaron a tres sin que Delia lo notara. El cuadro de la mujer con dos cabezas creado por el genial artista mexicano Diego Rivera —que sigue colgado en La Chascona— describe magistralmente esa situación. La mujer es Matilde y escondido en su pelo, emerge el perfil de poeta. Una humorada artística del pintor mexicano para proteger a la pareja. Neruda también le escribió un poema a ese cuadro que incluyó en su libro *Cien sonetos de amor*. Parte de él dice:

Te puso dos cabezas de volcán encendidas
(...) y allí secretamente quedaron enredados
mis ojos en su torre total: tu cabellera.

En nuestro encuentro de 1982, Matilde recordó ésa como una etapa absolutamente emocionante: "Durante el exilio de Pablo, nos fuimos a Europa y no nos separamos más. Nos veíamos en todas partes, pero claro, nunca estábamos en el mismo hotel".

El libro Los versos del Capitán *se sitúa en España en la frontera franco-española. ¿Por qué eligió ese sitio Neruda, si ustedes no estaban ahí?* Había que disimular. Acuérdese de que en ese tiempo todo nuestro amor era anónimo, y cuando Pablo y yo decidimos publicar *Los versos del Capitán* en Italia lo hicimos secretamente y con nombres falsos. No podíamos identificarnos porque existía Delia y Pablo no quería dañarla. Pablo era el Capitán y yo, Rosario de la Cerda.

Matilde aseguró que el respeto y agradecimiento de Neruda hacia Delia lo habían llevado a tomar la decisión de no romper ese matrimonio: "Pablo nunca pensó en separarse. Éramos así una pareja absolutamente feliz".

¿No creía usted en el matrimonio? No. Ni quería casarme. Ese tiempo fue el más hermoso. Eso de esperarse todo el día y los sustos que pasábamos... era emocionante.

Parece extraño eso de no querer casarse. No sé, pero a mí no me gustaba. Como fui una mujer que tenía que ganarse la vida desde muy joven, porque estudiaba y trabajaba a la vez, había adquirido una libertad maravillosa. Yo hacía todo lo que me daba la gana. Si un día quería irme a otro país, me iba.

¿Alguna vez le propusieron matrimonio? Tal vez, pero el hombre que me lo proponía no me llenaba en absoluto. En cambio, con Pablo era tan feliz y yo no le tenía celos a Delia. No podía tenérselos porque sabía que Pablo era más mío estando al lado de ella.

¡Parece que le gustaba la aventura! Era lindo. Vivimos en la clandestinidad unos siete años.

¿Y Delia no sospechaba de esta relación después de tanto tiempo? Eso se lo tendría que preguntar a ella.

Difícil, porque tiene 98 años y está con su cabeza un poco ida. Ella cree que Pablo está vivo. ¡Qué maravilla creer eso! Ella siempre fue una mujer muy especial. También bastante distraída. Una tarde en que Pablo llegó de sorpresa después de almuerzo, le pregunté: "¿Y qué le dijo a Delia?". Él contestó: "Voy a cerrar la puerta…". Así era, iba a cerrar la puerta y se desaparecía.

Matilde se volvió hacia su caja de tesoros y tomó con delicadeza entre sus manos el original del poema "Siempre". Le gustaba mucho por los celos desenfrenados que demostraba Pablo.

Antes de mí
no tengo celos.

Ven con un hombre
a la espalda,
ven con cien hombres en tu cabellera,
ven con mil hombres entre tu pecho y tus pies

Dejó la lectura para acotar: "Esto de los 'mil hombres' me dejaba muy mal. Me hacía aparecer como una Mesalina cualquiera", dijo riéndose con malicia. Luego agregó: "Se lo digo en serio. Para nosotros no tenía ninguna importancia el matrimonio. Yo era demasiado dichosa siendo la amante de Pablo".

Sí, dichosa, pero la situación no era sencilla y la necesidad de vivir permanentemente escondidos estaba causando conflictos en la relación. La clandestinidad traía sus problemas, sus dolores. Pablo, perseguido por la justicia de su país, disfrutaba de cierta libertad en el viejo continente, pero el gobierno de Gabriel González Videla, que ya se había declarado enemigo del comunismo y ciertamente del poeta, había conseguido una autorización para detenerlo en Francia y en Italia.

Matilde se instaló en un pequeño departamento en París, pero Pablo no pudo llegar a recogerla. Sus encuentros transcurrieron entre Berlín y Praga, donde tenía Neruda su cuartel general, rodeado de otros exiliados como el escritor Jorge Amado y su mujer.

Matilde se sentía sola. Las citas eran furtivas porque el poeta seguía acompañado de Delia. La situación se complicaba y Pablo comenzó a mandarle algunos de los poemas que más tarde formarían *Los versos del Capitán*. Uno de los primeros en enviarle fue "La reina".

Hay más puras que tú, más puras.
Hay más bellas que tú, hay más bellas.
Pero tú eres la reina.

La salud física y anímica de Matilde se resintió y decidió volver a París. "Me voy. Estoy enferma, no sé qué tengo, mañana me voy", le dijo. Pablo le respondió que eso podía ser el final. Ella asintió. La desolación cundió entre ambos y el poeta, afligido, la despidió. Pero antes le entregó un sobre que debería leer al tomar el tren de regreso. Era el poema "El alfarero" donde le decía:

Tus rodillas, tus senos,
tu cintura
faltan en mí como en el hueco
de una tierra sedienta

La mujer bien amada estaba de regreso en París. No había tenido noticias del Capitán durante todo un mes, pero un llamado sorpresivo la estremeció. Era Pablo, desesperado, anunciándole que al día siguiente le llegaría un paquete. Tocaron a su puerta y una mujer le dijo: "Yo soy el paquete". Era Ivette Joye, una periodista belga que llegó a visitarla enviada por Pablo. Le entregó un regalo: *Los versos del Capitán* y un pasaje para ir a su reencuentro. Le contó que el poeta no comía ni dormía. Delia estaba preocupada porque no sabía qué ocurría pero de igual modo Pablo la convenció de regresar a Chile a preparar su retorno. Él quería quedarse a vivir con Matilde en algún lugar. Necesitaban pasar la prueba de fuego de ese amor encaprichado. Cuando por fin se encontraron, él le dijo: "Nunca más te quiero ver llorar, ese último sollozo de nuestra separación en Bucarest me ha martirizado (…) Nos iremos a Nyon, (…) a la orilla del lago Léman".

Ya nada ni nadie podría separarlos. El Capitán y Rosario habían llegado a buen puerto.

Era el año 1951 cuando lograron escabullirse a Nyon, un pueblito suizo donde nadie los conocía. Allí podrían pasar por ser una pareja de enamorados cualquiera. Sería la primera vez que estarían juntos sin esconderse y ambos en sus memorias describieron esos días con el entusiasmo que sólo permite una pasión desbordante.

Terminado el romántico encuentro, el poeta se volvió a encontrar con Delia para no despertar sospechas. Le pidió que volviera a Chile para organizar un congreso cultural que se realizaría pocos años después y él se fue con Matilde a Capri, en febrero de 1952. Esa "luna de miel", de un romanticismo mítico a estas alturas, fue la gloria para esta pareja enamorada que hasta entonces no había hecho vida en común por más de unos días. En sus memorias, Neruda relató cómo fue la llegada: "Al entrar, vimos arder el fuego de la gran chimenea. A la luz de los candelabros encendidos había un hombre alto, de pelo, barba y traje blancos. Era don Erwin Cerio, propietario de medio Capri (...). Tenía casi 90 años y era el hombre más ilustre de la isla". Luego relata que Cerio los invitó a disponer de aquella casa y se fue por muchos días, dejando a los amantes disfrutar de su íntima soledad. Neruda también contó en *Confieso que he vivido*: "Matilde y yo nos recluíamos en nuestro amor (...). Por primera vez vivíamos juntos en una misma casa. En aquel sitio de embriagadora belleza nuestro amor se acrecentó. No pudimos ya nunca más separarnos".

En ese lugar Matilde y el poeta decidieron dejar testimonio escrito de su amor, publicando *Los versos del Capitán*, aunque, eso sí, manteniendo en secreto el nombre del autor y su musa. En *Confieso que he vivido*, Neruda relató que en Nápoles se imprimieron cerca de cincuenta ejemplares diseñados por el pintor Paolo Ricci. A esta primera edición en 1952, le siguieron muchas más, pero siempre sin el nombre del autor. Fue recién en 1962, en las *Obras completas* publicadas por Losada, cuando apareció la firma de Neruda. Él mismo explicó el porqué: "voy a contarles la historia de ese libro, entre los míos uno de los más controvertidos. Fue por mucho tiempo un secreto, por mucho tiempo no llevó mi nombre en la tapa, como si yo renegara de él o el propio libro no supiera quién era su padre. Tal como hay hijos naturales, hijos del amor natural, *Los versos del Capitán* eran así, un libro natural".

Y la explicación quedó, de nuevo, en sus memorias: "La única verdad es que no quise, durante mucho tiempo, que esos poemas hirieran a Delia, de quién me separaba (...) Este libro, de pasión brusca y ardiente, iba a llegar como una piedra lanzada sobre su tierna estructura. Fueron ésas y no otras las razones profundas, personales, respetables, de mi anonimato".

También tomaron otra decisión importantísima para homenajear su amor. Matilde estaba por segunda vez embarazada y decidieron contraer matrimonio. Como no podían hacerlo legalmente, inventaron su propia ceremonia. Matilde contó en sus memorias: "Un día, Pablo me dijo: 'En unos días más, cuando la luna esté llena, quiero que nos casemos, porque nos va a nacer un hijo y debemos estar casados. Haremos una fiesta y nos casará la luna. Hoy mandaré a hacer el anillo que usted llevará toda la vida'". Un joyero hizo el anillo, donde se leía: "Capri, 3 de mayo, 1952, Su Capitán". El relato que Matilde dejó en su libro, hasta el día de hoy estremece. Cuenta que el día elegido ella preparó un pato *a l'orange* y Pablo llenó los muros de la casa con flores, ramas y en todas partes se leía:

> "¡Matilde te amo!" (...) Salimos a la terraza. Una luna llena, brillante, había acudido a nuestra cita (...) Allí Pablo muy serio, sin un asomo de broma, le pidió a la luna que nos casara. Le contó que no podíamos casarnos en la tierra, pero que ella, la musa de todos los

> poetas enamorados, nos casaría en ese momento, y que este matrimonio lo respetaríamos como el más sagrado. Tomó mi mano y me puso el anillo.

La felicidad no duró mucho tiempo, pues Matilde comenzó a tener síntomas de pérdida. Ya los conocía y, aconsejada por un médico, hizo reposo. "Pablo estaba preocupado. De repente se puso a escribir (...) Cuando terminó me dijo: 'En este día en que nos hemos sentido derrotados, le voy a dar a usted un hijo, acaba de nacer, se llamará *Las uvas y el viento*'", relató Matilde en sus memorias.

Finalmente ocurrió un nuevo aborto. Matilde había cumplido 40 años y tal vez la edad le jugaba en contra para poder mantener un embarazo. Pablo se dio cuenta de que ella estaba triste para su cumpleaños y le escribió en el Álbum:

> Cuando la reina cumplió cuarenta años se sintió triste de su edad, porque le parecía demasiados años para encantar a su dueño, pero éste en aquel día, la ciñó con el brazo apretado en su pequeña cintura, y besándola en la boca le dijo: "Patojita, eres mi reina, yo te elegí después de muchas guerras que me dieron muchas jóvenes y bellas cautivas, y yo a ninguna amé como a ti, y a ninguna amaré como te amo, y no dejaré de amarte porque tú me das vida.

Este amor desmesurado de ambos también tenía su lado oscuro. Antes de mi encuentro con Matilde me había llamado la atención que el poeta sufriera ataques de celos y lo dejara por escrito en poemas como "Siempre", que ya hemos visto, y otros, como "El desvío":

Si tu pie se desvía de nuevo,
será cortado.

Si tu mano te lleva
a otro camino
se caerá podrida.

Al preguntar a Matilde de dónde provenían tantos celos en un hombre que evidentemente se sentía correspondido en su amor, contestó: "Había en mí un pasado que él no conocía. Por eso sentía furias incontenibles. Eran como tempestades que azotaban su alma y la mía, pero nunca tuvieron la fuerza para destrozar la cadena que nos unía". Le insistí en el tema y le pregunté qué era entonces lo que más inspiraba a Neruda en esa relación. La respuesta fue muy clara: "El no tenerme nunca segura. Esa independencia mía le molestaba mucho. Cuando no estaba con él se imaginaba unas cosas tremendas. Como a mí me gustaba cantar, reír y salir... De repente me iba a París y hasta allá me enviaba esos papelitos.

Soy el tigre.
Te acecho entre las hojas
(...)
Entonces en un salto
de fuego, sangre, dientes,
de un zarpazo derribo
tu pecho, tus caderas.

Bebo tu sangre, rompo
tus miembros uno a uno

(De "El tigre")

De ella se ha dicho mucho que era tremendamente celosa, que no soportaba que los amigos más queridos de Pablo se le acercaran demasiado y que incluso a su hermana Laura —que había cultivado una relación muy estrecha con el poeta durante toda la vida— intentó alejarla. Y existe la evidencia de que llegó a acusarla injustamente de haberle robado dinero y joyas, según vimos en el capítulo 4. Pero Matilde jamás se hubiera definido a sí misma como una mujer celosa. Al contrario.

En la tercera y última entrevista que sostuvimos con Matilde, ella habló por primera vez de por qué tantas mujeres se acercaban a Pablo. A 10 años de su muerte podía hablar con la tranquilidad del tiempo pasado. Y esto fue lo que nos confesó:

> A Pablo se le acercaba mucho la gente, sobre todo las mujeres. Mis amigas le hacían toda clase de confidencias. Le contaban sus problemas personales y siempre Pablo las escuchaba con paciencia. Les dedicaba bastante tiempo y quedaban muy contentas. A mí jamás me decían nada.

Al parecer, era un gran conquistador. Las mujeres lo querían enormemente, pero no por una cosa amorosa sino por una verdadera amistad. Yo sé que siempre estuvo rodeado de muchas amigas.

Una de ellas fue Teresa Hamel. Esa amistad nació cuando Pablo regresó a Chile, en la primavera del año 1952, y terminó el día de su muerte. Juntos compartieron aficiones, se acompañaron y disfrutaron fiestas de disfraces y comparsas bohemias. Fueron 21 años en los que siempre se les vio juntos y a ella aportando una alegría y sentido del humor que hacían reír al poeta. Y también lo hacía escribir. Le dedicó un poema hasta ahora inédito, que conocimos gracias a su hijo, Andrés del Campo Hamel. En parte de él, le declaró:

no hay espera
para tus labios de piedra nocturna.
Consúmete tú en tu llama,
yo en mi fuego,
así en tu amor
yo te amo
te amo en el odio, aún,
en el rencor que guardo,
te amo viva y ausente
ámame
en el amor que no pudo esperarte,
ámame en lo que tú y yo
tenemos de piedra o de
planta (...)

La presencia de Teresa en torno al poeta no pasó inadvertida. El pintor Mario Carreño hizo un collage de dibujos y fotos como regalo a Pablo en su último cumpleaños, el 12 de julio de 1973. Al lado izquierdo de Neruda aparece Matilde, como colegiala, y a su derecha, Teresa Hamel, como vedette en pleno show. Los acompañan en esta humorada del artista, Juvencio Valle, Jorge Edwards, Aída Figueroa y Volodia Teitelboim. Este "cuadro" fue utilizado como portada de *Mi amigo Pablo*, el último libro de Aída Figueroa y Edmundo Olivares.

Volviendo a los celos de Pablo, es probable que Matilde nunca tuviera intenciones reales de develar el pasado que su enamorado ignoraba. Años después, al escribir sus memorias, tampoco lo hizo. Sólo contó que una noche, instalados en ese pequeño paraíso que fue la isla de Capri, a pedido del poeta, le fue relatando su vida: de dónde provenía, los problemas económicos que afligían a su familia y otros pormenores. Pero cuando la historia llegó a Perú, ella hizo notar que tenía mucho sueño. Entonces Pablo le habría dicho: "Mañana me cuenta de ese viaje al Perú. ¿Qué hizo allá?". Y ella le habría contestado riendo, justo antes de quedarse dormida: "Hice una película que se llamó *La Lunareja*, dicen que es muy mala, no la vi terminada, pues tenía que viajar a México". El relato nunca terminó, pues, según escribió Matilde "al día siguiente no podría contarle nada. Un hada maléfica, celosa de tanta felicidad, hizo que me agravara. Todo fue inútil y perdí a mi hijo tan amado".

La historia de su estadía en Perú pudo quedar olvidada, dado que solamente podía interesarles a ella y a Pablo. Sin embargo, no fue así. El año 2002, el escritor chileno Sergio Gómez publicó un artículo acerca de este tema en el diario argentino *Página 12* y desató un escándalo en Chile. El aspecto más polémico, que la Fundación Neruda negó en forma tajante, fue la supuesta red de prostitución que ella habría dirigido en Perú antes de conocer al poeta.

El artículo de Gómez describía el ambiente donde trabajaba Matilde en 1944:

> Cantaba tonadas tristonas todas las noches. Todavía soñaba con ser una gran cantante o actriz, pero su tiempo se agotaba y la vida no cambiaba para ella. Tenía treinta y dos años y ninguno de sus sueños de niña en Chillán se habían cumplido. No era la primera vez que estaba en Perú: antes había estado sospechosamente invitada como "actriz", en un papel insignificante para una película titulada *La Lunareja*, que nadie recuerda o que tal vez nunca existió.

En el artículo afirma también que en 1943 se emparejó con un bailarín argentino y que trabajaban juntos. Pero, y aquí estuvo el escándalo, luego aseguró que

> el negocio no andaba bien y su amante le exigía mejorar las ganancias del grupo. Para eso estaban las niñas que traían desde Chile, niñas jóvenes sin la ingrata mezcla indígena, tal como las preferían los peruanos: chilenas puras, blancas y jóvenes

Según Gómez, estas mujeres habrían denunciado al bailarín argentino y a su mujer ante un funcionario de la embajada chilena, afirmando que les habían quitado sus papeles y obligado a ejercer la prostitución. Finalmente, el funcionario de la embajada consiguió que el cónsul enviara de vuelta a las chilenas. Antes habría enviado un oficio a la Cancillería para informar de la situación y para que autorizaran los trámites. Agrega el artículo:

> Las niñas fueron finalmente embarcadas y regresaron con sus familias. Matilde y el empresario argentino huyeron a tiempo hasta México. Todo se borró de la forma más diplomática posible, como correspondía.

Aída Figueroa, fiel amiga del poeta desde la época en que estaba escondido en Chile con orden de detención, da poca importancia a las afirmaciones del artículo de Gómez. De hecho, cuenta que al poco tiempo de la separación de Pablo y Delia, el poeta invitó a ella y su marido a conocer a Matilde en La Chascona, el nuevo hogar de la pareja. La impresión que tuvo no fue de su agrado: “Una mujer de pelo rojo, desordenado —de ahí el nombre de La Chascona— y con un cuerpo más bien gordito. Era bastante risueña y a ratos soltaba unas tremendas carcajadas". En su libro *Rostros de Neruda*, Aída enfatiza:

> Era diametralmente diferente a Delia. Su cultura era escasa y no creo siquiera que hubiera leído las obras de Neruda (...) Tenía una voz poco agradable. Pablo perdía todo sentido crítico frente a ella. En algunas fiestas quería que recitara o cantara. En ambas cosas Matilde era un desastre (...) La prehistoria de Matilde no se ha explorado mucho. Había sido una *demi-mondaine* actriz de una película en Perú.

Sin embargo, a pesar de la mala impresión que le causó Matilde en un comienzo, Aída afirma:

> No creo que haya existido proxenetismo. Lo que ocurrió fue lo siguiente: Matilde cantaba en boîtes y lugares nocturnos. Eso también lo había hecho en México. Era lo que se llama una cabaretera. Pero la compañía para la cual ella trabajaba en Perú fracasó. Entonces hubo que repatriar a las jóvenes chilenas que estaban destinadas al cuerpo de baile. Eran jovencitas nortinas de escasos recursos que vieron con ilusión esa posibilidad de trabajo. Como el resultado fue desastroso, el gobierno chileno las repatrió. Nunca se planteó un problema judicial y la embajada de Chile en Perú hizo los trámites. Matilde siguió con el bailarín argentino.

Paulatinamente, Matilde fue dejando atrás todo vestigio de sus tiempos de "artista". Incluso se llegó a decir de ella que intentaba parecerse a Delia. Aída Figueroa está de acuerdo con esta apreciación:

> Con los años fue cambiando. Siempre tuve la impresión de que trataba de imitarla, ya que Delia fue una gran dama. Adelgazó, cambió el color de su pelo rojo por un rubio ceniza y fue modificando sus opiniones. Creo que Pablo la fue modelando.

En *Rostros de Neruda* dice además:

> Hay que reconocer que su nobleza como persona apareció cuando enviudó y se vio obligada a enfrentar la dictadura. En vida de Neruda fue una guardiana un tanto primitiva de sus intereses. Era insolente con algunos invitados y no respetó a viejos amigos del poeta. Fue descomedida e ingrata con Homero Arce, el fiel y abnegado secretario. Se servía de la gente de mala manera. Pero todo cambiaba cuando se trataba de Pablo: fue absolutamente devota suya, lo cuidó en todos los aspectos, mejor que Delia. Era una gran administradora de todo: de sus horarios de trabajo, de sus derechos de autor, de sus casas, de sus compromisos.

Mario Toral, en su primer matrimonio, con Loreto Rodríguez, mantuvo mucha cercanía con Pablo y Matilde. La sensibilidad del poeta contrastaba con la dureza de su tercera mujer. Una anécdota lo comprueba. Toral estaba ilustrando para *Arte de pájaros*, el poema "Pájaro ella". Eran los pajarantes inventados en su imaginación. Cuando finalizó su trabajo, viajó a Isla Negra y se encontró con una Matilde malhumorada. Toral recuerda:

> Le mostré la acuarela que era como un águila con cuerpo de mujer. Para representarlo yo necesitaba una

> textura que no fueran plumas, pero que tampoco fuera piel humana. Quería darle una apariencia más sensual, más nueva. Así fue como pinté todo el cuerpo con unas rayitas blancas y Matilde se puso furiosa. Pensaba que el "Pájaro ella" era ella. Muy enojada me dijo: "Oye Mario, esto no deberían publicarlo porque me hiciste peluda". Y yo no podía decirle: "Ésta no eres tú. Son puros cuentos que te cuenta Pablo".

Volodia Teitelboim confirma que Matilde tenía una personalidad fuerte.

> Era el contralor de la república, pero de la república nerudiana —dice sin perder el sentido del humor que sus años no han disminuido—. Nació sabiendo pelear. Arrinconaba al poeta y manejaba el idioma con gran desplante. Lo trataba bien pero era violenta. Él le tenía miedo. En la discusión conyugal nunca retrocedía.

La poetisa porteña Sara Vial compartió con Pablo y Matilde muchas tardes en Isla Negra o en La Sebastiana.

> Matilde fue la única mujer con la cual lo vi convivir. Pienso que para Pablo fue un gran amor pero a veces, también un gran sufrimiento. Matilde era celosa y posesiva, pero él la quería a pesar de no haber sido la mujer indicada. Ella le hizo perder muchos amigos y tenía un carácter violento tan diferente al suyo, apacible y bondadoso. Pienso que este amor aparece como aumentado por las dificultades y eso para Pablo era un incentivo.

¿Como fue Matilde en su relación con él? Le decía "Pablito" y le daba de comer en la boca. Lo seguía en todas sus ocurrencias, pero al mismo tiempo era voluntariosa. Podía ser muy agradable cuando quería. Ella gobernaba la casa con mano de hierro, pero era ordenada y práctica. Le solucionaba muchas cosas del diario vivir y le gustaba cocinar.

¿Por qué Pablo tenía tantos celos de ella? Cuando él escribe *Los versos del Capitán* es fácil darse cuenta del género de mujer que era Matilde y que él transformó con su poderosa personalidad.

¿Por qué se llevaba tan mal Matilde con sus familiares e incluso con Laurita, la hermana de Pablo? Por su carácter absorbente. Los dos hermanos fueron inseparables desde niños. Él adoraba a Laurita y siempre quería tenerla cerca. Pienso que Matilde era muy insegura, ya que nada perdía con ese amor fraternal.

Mucho se ha comentado que usted fue un gran amor para Pablo, que se admiraban mutuamente. Nos queríamos mucho. Nos divertíamos y juntos creamos el Club de la Bota en Valparaíso, pero de amores, nada. Eso siempre estuvo en la imaginación de Matilde. No le gustaba que yo fuera a Isla Negra o que Pablo me visitara aquí. Fuimos grandes amigos y la poesía nos unió.

¿Cree que Matilde fue su gran pasión? Fue de todos modos, pero también lo fueron Albertina, Josie Bliss y Alicia. Lo importante de Matilde se produjo en su viudez, en la forma como veló por los intereses del poeta, la creación de la Fundación; eso la dignifica mucho. Como el amor de su vida, yo sigo pensando en Albertina.

La poetisa Delia Domínguez conoció a Neruda el año 1954, a raíz de un concurso organizado por la Sociedad de Escritores, que presidía el poeta. Desde ese día fueron amigos para siempre. De Matilde recuerda:

> A ella la conocí más madura y creo que su amor hacia Pablo fue el más grande de su vida. En mi casa le vi gestos que sólo una mujer enamorada puede hacer. Ponerle los zapatos, hacerle la cama o recordarle que no olvidara su jockey. También le cocinaba platos exquisitos. Le lavaba la ropa en una artesa de madera. Una vez le dije: "Oiga, ¡bien jodido lavarle la ropa al poeta!", y ella me respondió: "Es un acto de amor, Delia". Noté el enamoramiento más en ella que en él. Pablo se debe haber sentido muy conmocionado con ese amor que Matilde le dio.

Nadie duda a estas alturas que Matilde Urrutia fue la mujer que Neruda más amó, la que más lo inspiró, la que lo hizo vivir las pasiones más intensas. Por lo mismo, el tema de los hijos es inquietante. Neruda no tuvo descendencia. Su única hija, Malva Marina, murió siendo niña. Y resulta curioso que habiendo tenido Neruda tantas amantes, ninguna de ellas haya concebido un hijo. Y más curioso aún, o más triste, que la mujer más amada haya perdido varios embarazos.

El primero fue en México, al poco tiempo de haberse reencontrado. Cuando lo perdió, Pablo le escribió "La pródiga", donde le pregunta: "¿Dónde está mi hijo?". El poeta de alguna manera pedía cuentas, porque creía que Matilde no se había cuidado lo suficiente. Luego, como ya hemos visto, en Capri volvió a embarazarse, pero el resultado fue el mismo, dejando una pena honda en la pareja. Creían que todavía podían intentarlo y Matilde se volvió a embarazar ese mismo año. El tercer embarazo ocurrió en Chile, cuando Matilde vivía en un pequeño departamento frente al Hospital Militar. Recién habían comprado el terrero en el barrio Bellavista, donde sería construida La Chascona. Pablo seguía viviendo con Delia.

Matilde anunció la llegada de un nuevo hijo con una mezcla de felicidad y miedo. Cuando le contó a su doctora acerca de las pérdidas anteriores, ésta le indicó guardar absoluto reposo. Así transcurrieron varios meses. Su hijo se movía y Pablo decidió que había que ponerle un nombre. "Lo llamaremos Procopio", dijo. "Ese nombre me sonaba divertido", escribió Matilde. "Hablábamos de este hijo, pero Pablo quería una niña. Habían pasado cinco largos meses y al entrar al sexto, la doctora me dijo que podía caminar, que saliera, que estaba fuera de peligro. No era así. A los 15 días perdí a ese hijo (...) Pablo andaba en una gira por el norte. Me fui a la Clínica Central. Era una niña", relata Matilde en sus memorias.

En la entrevista de 1982 también hubo que tocar el tema. Ella confirmó: "Tres hijos perdí, el último de seis meses. Pablo entonces me dijo que no lo intentáramos más. 'Yo odiaría a ese hijo si a usted le pasara algo', me decía".

Este delicado tema de los embarazos fallidos es hoy cuestionado por Aída Figueroa. "Yo nunca la vi de seis meses. Tal vez haya tenido un aborto. María Rosa Olivier, una poetisa argentina, me contó una vez que había visto llorar a Pablo y que le había dicho: 'He perdido a un hijo'. Pienso que algo de eso hubo, pero esa cantidad de abortos sucesivos, lo dudo."

Con los años, la descendencia dejó de ser relevante para Matilde y Pablo. Abandonaron la idea de ser padres y se dedicaron a engendrar poemas. Ella inspirándolos; él, escribiéndolos. Si *Los versos del Capitán* fueron los predilectos de Matilde, los *Cien sonetos*, escritos entre el año 1957 y 1959, fueron el libro de amor de un hombre maduro que ha elegido a Matilde como la compañera para toda la vida. La obra fue una edición privada por suscripción y en ella Neruda estableció las cuatro estaciones de la vida, la mañana, el mediodía, la tarde y la noche. Lo escribió entre Isla Negra y sus numerosos viajes por Francia, el Cáucaso soviético, China y Valparaíso.

Neruda, quien en general era reticente a nombrar a sus musas, en este caso hizo una excepción y dio a su amor un nombre y un apellido. En el prólogo le dice:

> A Matilde Urrutia
>
> Señora mía muy amada, gran padecimiento tuve al escribirte estos mal llamados sonetos y harto me dolieron y costaron, pero la alegría de ofrecértelos es mayor que una pradera. (...) Yo, con mucha humildad hice estos sonetos de madera, les di el sonido de esta opaca y pura substancia y así deben llegar a tus oídos (...) Así establecidas mis razones de amor te entrego esta centuria: sonetos de madera que sólo se levantaron porque tú les diste la vida.
>
> Octubre de 1959

Así quiso el poeta "coronar a su reina". Era la primera vez que la nombraba y estaba ansioso de mostrarla al mundo. Las circunstancias habían cambiado. Ya no era el anónimo Capitán. Ya separado de Delia, podía establecerse libremente con su Medusa, como le decían los italianos por su rizada cabellera.

Las pasiones, los celos, lo bello y lo feo, lo bueno y lo malo, lo justo y lo injusto, toda la vida amorosa entre dos personas está presente. El escritor Eulogio Suárez comenta en

Neruda total que “los 32 poemas de la Mañana tienen la alegría y la incertidumbre de lo nuevo”.

En el primer soneto le dice:

Matilde, nombre de planta o piedra o vino
(...)
Oh invádeme con tu boca abrasadora,
indágame, si quieres, con tus ojos nocturnos,
pero en tu nombre déjame navegar y dormir.

En el soneto II, escribe:

Amor, cuántos caminos hasta llegar a un beso,
qué soledad errante hasta tu compañía!

En el XIV:

Me falta tiempo para celebrar tus cabellos.
Uno por uno debo contarlos y alabarlos:
otros amantes quieren vivir con ciertos ojos,
yo sólo quiero ser tu peluquero.
(...)
Yo te llamo chascona mía y enmarañada:
mi corazón conoce las puertas de tu pelo.

El XX es uno de los más conocidos y hermosos. Allí le dice:

Mi fea, eres una castaña despeinada,
mi bella, eres hermosa como el viento

En "Mediodía" los amantes ya están establecidos en su casa. Comienzan su vida en común con tranquilidad. La cotidianeidad que el poeta admira.

El XXXVI:

Corazón mío, reina del apio y de la artesa:
pequeña leoparda del hilo y la cebolla (...)

Se desespera cuando Matilde se aleja, por eso le escribe en el XLV:

No te vayas por una hora porque entonces
en esa hora se juntan las gotas del desvelo
(...)
no te vayas por un minuto, bienamada,
porque en ese minuto te habrás ido tan lejos
que yo cruzaré toda la tierra preguntando
si volverás o si me dejarás muriendo.

Sorprendentes son los sonetos de la "Noche", donde hace alusión directa a su muerte. En el LXXXIX dice:

Cuando yo muera quiero tus manos en mis ojos
(...)
Quiero que vivas mientras yo, dormido, te espero

Siguiendo la misma temática, en el XCII insiste:

Amor mío, si muero y tú no mueres,
amor mío, si mueres y no muero,
no demos al dolor más territorio:
no hay extensión como la que vivimos

En torno a la muerte conversamos con Matilde en La Chascona en el año 1982. Le preguntamos si Pablo la mencionaba como aparece en estos sonetos y respondió:

> Jamás. Nunca hablábamos de eso. Escribió algunas cosas, pero él no pensaba nunca en la muerte. Estábamos tan ocupados en vivir que no nos preocupábamos jamás de la muerte. Es un tema que no tocamos nunca, y eso fue lo malo, porque había muchas cosas que yo debí haber sabido. Cosas que a él le hubiera gustado que pasaran. Todo tuve que resolverlo yo sola.

Sus palabras en ese momento transmitían la responsabilidad que sentía al ser la viuda de un hombre como Neruda. Debía dejar su nombre en alto, publicar sus libros, cumplir como heredera universal y honrar su memoria. Sólo en una oportunidad Pablo sintió que la muerte le rondaba. Fue cuando tuvo una ronquera que perduró durante más de un año. Tenía miedo de que pudiera ser un cáncer, por eso escribió "Laringe".

¿Qué te pasa con mi esqueleto?
¿Por qué no te llevas al triste,
al cataléptico, al astuto,
al amargo, al infiel, al duro,
al asesino, a los adúlteros
(...)
¿Por qué vas a llevarme a mí?
¿Qué tengo que ver con el cielo?
El infierno no me conviene
y me siento
bien en la tierra.

(De "Laringe")

Después de escribir *Cien sonetos*, publicó el *Tercer libro de las odas* con Losada y en 1958, mientras realizaba giras y concentraciones políticas, *Estravagario*, donde mucha inspiración provenía de Matilde. Y como dijo Lenka Franulic, es el libro que "puso nombre al amor".

Matilde Urrutia, aquí te dejo
lo que tuve y lo que no tuve,
lo que soy y lo que no soy.

En este mismo libro, sombrío y luminoso, como lo describe Margarita Aguirre, Neruda confiesa que para vivir necesita cinco cosas:

Una es el amor sin fin.

Lo segundo es ver el otoño.
(…)
Lo tercero es el grave invierno
(…)
En cuarto lugar el verano
(…)
La quinta cosa son tus ojos,
Matilde mía, bienamada,
no quiero dormir sin tus ojos,
no quiero ser sin que me mires:
yo cambio la primavera
porque tú me sigas mirando.

En esa época, acompañado y motivado por Matilde, Neruda realizó múltiples viajes, recibió honores y premios. Su producción literaria seguía en aumento. Publicó *Las piedras de*

Chile y *Cantos ceremoniales*, y se celebró el millonésimo ejemplar de *Veinte poemas de amor y una canción desesperada*. En el año 1962, la revista brasilera *O Cruzeiro* dio a conocer "Memorias y recuerdos de Pablo Neruda" en 10 números. Losada sacó una segunda edición de las *Obras completas*.

En febrero de 1965 hizo un viaje a Europa donde junto a Miguel Ángel Asturias escribió *Comiendo en Hungría*. Ese mismo año quedó viudo al morir en Holanda su primera mujer, María Antonieta Hagenaar. Y Matilde, quien siempre había declarado que no le interesaba el matrimonio, se dispuso a preparar el enlace oficial. Necesitaban buscar testigos y quiénes más indicados que sus amigos y cómplices de este amor, el matrimonio uruguayo formado por Alberto y Olga Mántara. Ellos los habían acogido generosamente en su casa de Atlántida (una playa cercana a Montevideo) para pasar juntos el año nuevo de 1952.

El 12 de septiembre de 1966, Neruda les escribió:

> Albertolgas, nos casaremos (confidencia) por la ley chilena el 28 de octubre. Los esperamos a Uds. como testigos, hermanos y cómplices.
> Esta es la 2ª carta sin contestación que les enviamos.
> Aplazamos ceremonia por Uds!
> Vendrán?
> Vendrán!
> Y nos iremos al Sur, con carretera excelente y primavera erizada de erizos!
> Abrazos
> Respuesta inminente!

Los Mántara, Alberto y Olga, cumplieron esta vez y llegaron a Isla Negra para el matrimonio civil de Pablo y Matilde.

Aída Figueroa tampoco cree que Matilde no tuviera interés en el matrimonio.

> Nunca le creí que no quisiese casarse con Pablo porque hizo todo lo posible para que La Hormiga lo supiera. Se iba a dormir a Isla Negra, a la cama de Delia… ¡Hay que querer que salte la liebre! Ella dominó a Pablo y decidió hacer vida con él.

Estando con Matilde me fue imposible no insistir en el tema del matrimonio. Le pregunté por qué se había casado apenas Pablo había enviudado, si siempre había dicho que no quería hacerlo. Respondió: "No, nunca me ha gustado la idea del matrimonio. Ser amante de Pablo fue maravilloso. Después las cosas son más tranquilas y ya no es lo mismo".

Y eso fue lo que exactamente ocurrió. Luego del matrimonio, Pablo ya no le dedicaría un nuevo libro.

Justo después de convertirse oficialmente en su mujer, Matilde decidió llevar a Isla Negra a su sobrina Alicia Urrutia y a su pequeña hija Rosario. La monotonía no formaba parte del incentivo poético. Poco a poco, Pablo fue protegiendo a esta mujer desvalida que deambulaba silenciosamente por la casa, haciendo costuras y labores domésticas. Pablo se fijó en ella.

9

Alicia Urrutia Acuña
El amor en la vejez

Volodia Teitelboim, escritor y amigo del poeta, definió a Neruda como "un poeta multiuso", en el sentido de que abarcó gran cantidad de temáticas en su obra. También aseguró que el más logrado en él es el amor. La mujer fue una constante.

> Podía estar haciendo política, pero a las mujeres las llevaba consigo y lo alimentaban internamente. Necesitaba a la mujer como tema literario. De lo contrario, se sentía incompleto. Todo lo que sentía lo hacía verso. Él tenía un concepto cósmico; por eso, cuando se produce el conflictivo episodio con Alicia, él escribió *La espada encendida.* Era el año 1970.

Lo que Teitelboim llama "el conflictivo episodio" fue el amor secreto de Neruda en la vejez, la relación que mantuvo durante cerca de siete años con Alicia Urrutia, sobrina de Matilde, su mujer, y que se mantuvo oculta aun después de su muerte.

De aquella relación sólo se hizo alguna referencia superficial en el libro *Adiós, Poeta*, de Jorge Edwards, quien esperó que la viuda falleciera para publicarlo. Allí, disimuladamente y sin decir el nombre de la amada, cuenta la historia. Volodia Teitelboim, su gran amigo y conocedor de sus secretos, fue más lejos y en *Neruda* dio detalles del asunto. Pero en la década del 90, Enrique Lafourcade encendió la mecha al publicar su libro *Neruda en el país de las maravillas*, donde dejó claro que el romance fue mucho más que una pasión momentánea y que la relación entre Alicia y Pablo había causado estragos en el matrimonio con Matilde. Sin embargo, todavía quedaban cabos sueltos.

Lentamente y después de hablar con numerosas personas que estuvieron alrededor del poeta y de la joven Alicia, fue posible reconstruir la historia. Por cierto, existen detalles que sólo conocieron el poeta y Alicia y que jamás verán la luz. El resto, está aquí.

Alicia, hija de Francisco Urrutia, un hermano de Matilde, fue acogida por el poeta y su mujer a comienzos de la década del 60. En ese tiempo, Alicia dio a luz a una hija que Pablo y Matilde sugirieron llamar Rosario, en honor a la protagonista de *Los versos del Capitán*, Rosario de la Cerda. Alicia y Rosario estaban solas en el mundo. El padre de la niña las había abandonado y tenían pocos medios para subsistir. Les abrieron La Chascona para instalarse y más tarde se trasladaron todos a la casa de Isla Negra.

La experimentada Matilde llevaba ya largos años de convivencia con Neruda. Primero, como amante clandestina en la época de Delia del Carril y luego, como su legítima esposa. Nada parecía turbar la tranquilidad de Isla Negra y menos todavía la de Matilde. Pero cometió un grave error: confiar demasiado. Tan segura estaba de su importancia, que jamás imaginó que otra mujer se le metería a la cama, tal como ella lo hizo cuando Pablo estaba con La Hormiga, y tal como lo hizo ésta cuando Pablo estaba con Maruca. Aun conociendo la historia de debilidades del poeta, Matilde confió.

Craso error. Todos salieron dañados.

Matilde había asumido seriamente su rol de fiel guardiana y no dejaba que cualquier persona ingresara a su hogar. En ese tiempo, la salud de Neruda se había deteriorado, se estaban presentando los primeros síntomas de su cáncer a la próstata y vivía prácticamente aislado en Isla Negra. Además, el poeta temía a Matilde. No le gustaba contradecirla. Ahora se extendían invitaciones cuando querían ver a los amigos. De lo contrario, estaban solos.

Con excepción de Alicia y Rosario.

Alicia, una mujer tímida y callada, ayudaba a su tía en los quehaceres de la casa. No era la empleada doméstica, pero estaba a disposición de todo lo que necesitara Matilde. También le arreglaba sus vestidos porque sabía coser bastante bien. Aída Figueroa la describe como una mujer "de tez muy blanca e impávida. No era fea, pero tenía poca vitalidad. Era muy apocada. No le salía la voz. Hay que pensar que tuvo una vida muy dura y la engañó el hombre con el cual tuvo una hija. Fue madre soltera y muy sufrida".

Su presencia discreta rondando por la casa sacó al poeta de la rutina. Y su mundo se encendió.

Según Teitelboim,

> Pablo se aficionó a esa segunda mujer que se movía silenciosamente por la casa (...) Parecía cariño de padre. Y oficiaba un poco de abuelo. Porque ella trajo a

> su hija, una pequeña pelirroja que asistía a la escuela primaria del lugar (…) Como dice su amigo García Márquez, no hay que confundir la fidelidad con la lealtad. Neruda fue siempre leal a Matilde. No le fue siempre fiel. Se rigió por ese principio en todos sus matrimonios.

Enrique Lafourcade comparó la historia de Alicia y su tía con la "madrastra y la Cenicienta", por el poder que ejercía la mujer de Pablo.

> Matilde era una mujer de muy mal carácter. Estallaba en unas cóleras oceánicas. El error de ella fue haber tratado a su sobrina Alicia como a una Cenicienta. La hacía comer en la cocina, al extremo que muchos amigos que los visitaban pensaban que era una de las criadas. En una oportunidad en que Matilde, Neruda y un grupo de devotos se encontraban bebiendo whisky en la terraza, Pablo le sugirió a Matilde: "¡Patoja, ofrécele a Alicia". Y la respuesta de ésta fue poco más o menos: "¡Alicia no está acostumbrada a tragos tan finos!". Alicia era una sombra inquieta en la laberíntica casa. Suave, calladita, hacendosa, recogía flores (...) y siempre humilde frente a su máquina de coser, en su pieza de costuras.

El autor de *Neruda en el país de las maravillas* relata que durante el año 1970 Matilde acentuó los controles. "Exageró los maltratos a Alicia. La costurerita, a medida que era humillada por la tía, se transformaba para el poeta en una prodigiosa niña de cuentos, alguien a quien había que consolar, que acariciar dulcemente."

El poeta se sintió lleno de energía, enamorado, y volvió a escribir intensamente. En ese estado de vitalidad escribió *La espada encendida*.

Según Hernán Loyola ese libro representa la pasión senil:

> Hay una resistencia de Neruda a la muerte. No es la reacción de un simple viejo verde. En ese texto él concibe a los amantes como dos sobrevivientes que temen el estallido de una tercera guerra mundial. Hay un volcán que amenaza y ese volcán no es otra cosa que la presencia de Matilde.

"En ese libro lo que pretende es recrear el mundo, reeditar la Biblia, pero una biblia nerudiana", argumenta Volodia Teitelboim. Los protagonistas son el viejo Rhodo y una joven escapada de la Ciudad de los Césares. Ha desaparecido la humanidad y esta pareja es la que recrea el género humano. Así Neruda se presenta como un héroe y Rosía es su nueva amante que lo acompaña.

De acuerdo con su costumbre, para evitar ser descubierto, el poeta trabajó con nombres y códigos en clave. Nadie sabía quién era Rosía. Y Matilde pensaba que era ella.

Aunque la sospecha se había instalado, Matilde no tenía certezas. Solía viajar a menudo a Santiago a hacer trámites. Luego hacía las compras y llevaba los pescados y mariscos que tanto le gustaban a su marido. Las ausencias se hacían a veces largas. Un día, atendiendo a su intuición, decidió volver antes de tiempo. Y se encontró con la evidencia.

En la cama con Pablo estaba su sobrina Alicia.

La esposa engañada reaccionó violentamente. La artista y amiga de Matilde, María Martner cuenta;

> Matilde se indignó cuando los descubrió juntos y en la cama. Contrató un camión y envió todas las cosas de Alicia a Santiago, a casa de Francisco Urrutia, su padre. Me aseguró que abandonaría a Pablo: "Voy a partir a México, donde tengo buenos amigos", dijo. "¡Estás loca —le respondí—, vas a dejarle el camino despejado a Pablo y Alicia!" Reaccionó después, y Pablo tuvo que trabajar mucho para reconquistarla.

Mario Toral, el pintor y amigo que ilustró *Veinte poemas de amor* y *Arte de pájaros*, recuerda también esos días de crisis entre la tía y la sobrina. "Pablo casi se muere cuando Matilde lo amenaza con irse a México. Un hombre a esa edad no está para que lo abandonen. Él tenía un paraíso en Isla Negra y cultivaba una relación perfecta, porque era muy comodón. Cuando salía Matilde a comprar, Pablo aprovechaba su tiempo... y sin moverse de su casa."

María Martner, estuvo durante meses en Isla Negra construyendo con sus manos la chimenea principal de la casa. Con Matilde se hicieron muy amigas. Delicada y sin interés por figurar, la artista asegura que Pablo quiso de verdad a su esposa. El problema fue que ella nunca pensó que su sobrina podía serle desleal. Al referirse a Alicia, usa términos más duros: "Era pava, fea y tontona", dice. Su marido, Francisco Velasco, tampoco tiene una opinión favorable: "Tenía unas buenas pechugas. Eso era lo que le gustaba a Pablo. A ella lo único que le interesaba era sacarle un departamento". Sin embargo, al preguntarles si el poeta estaba realmente enamorado, discrepan. Mientras María segura enfáticamente que no, Francisco comenta: "Yo creo que Pablo estuvo muy enamorado de la 'Plasta', como le decíamos. No hay más que leer *La espada encendida* para darse cuenta".

Otros amigos de Neruda la recuerdan con benevolencia, casi con cariño. Mario Toral dice que era "muy simpática". Y Jorge Edwards la describe como "una mujer bastante joven, de piel clara, de formas exuberantes".

Neruda lo pasó mal en esos días. Le dolía muchísimo separarse de Alicia y de Rosario, con quien había forjado una estrecha relación; pero también sufría por Matilde. Volodia agrega en su libro que Neruda, al verse atrapado, dijo: "¿Por qué debo morir si ahora nací?".

Con el pasar de los días, Matilde lo pensó mejor y retiró la amenaza de irse a México. Eso sí, hizo algunas exigencias para quedarse. Aída Figueroa relata que Matilde puso una difícil condición a Neruda: "¡Un océano de por medio!". Quería alejar lo más posible a Neruda de Alicia. Pablo estaba dispuesto a ceder con tal de que no lo abandonara.

Volodia Teitelboim cuenta en *Neruda* que él se enteró de todo estando en La Sebastiana, la casa de Valparaíso. Matilde, molesta, increpó a Pablo. Lo trató de viejo verde. "Te diré que tu amigo no es un santito. Se ha metido con mujeres sucias y ahora está enfermo de la parte correspondiente. Y no sana. Por donde pecas, pagas", dijo indignada.

Neruda no había adquirido una enfermedad venérea, como suponía Matilde, sino que estaba empezando a sufrir por su cáncer a la próstata. Incluso le costaba caminar. Sin embargo, en esa ocasión no se dio por aludido, simuló no escuchar y decidió hablar con Volodia: "Tengo que poner distancia. Salir por un tiempo, pero al servicio del gobierno". Así nació la idea de ser embajador en Francia.

El nombramiento se efectuó casi de inmediato, y Neruda y Matilde llegaron a París en marzo de 1971.

Te quema el paraíso,/ te persigue el infierno./ Aléjate, varón, se quema el reino./ El gran amor se paga/ con la sangre y el alma,/ con el fuego.

(De *La espada encendida*)

Antes de salir de Chile, Matilde no descansó. Celaba a Pablo día y noche. Rafael Plaza Hernández, más conocido como "Rafita", es el maestro carpintero que construyó todas las ampliaciones de la casa de Isla Negra. Fue de las personas más cercanas a Neruda. Hoy asegura que Matilde hasta contrató un detective para seguir a Alicia. Sin embargo, aun con esos límites el poeta se habría reencontrado con Alicia. Inés Valenzuela recuerda que un día Matilde llegó furiosa a la casa de Homero Arce y Laura Arrué:

> Andaba buscando a Pablo que se le había desaparecido. Me contó Laurita que Matilde subió las escaleras y entró a mirar a los dormitorios para ver si lo encontraba. No pidió permiso, ni nada. Estaba enloquecida. Es que Pablo se había ido al sur con Alicia Urrutia. Creo que ese amor nació porque estaba cansado de Matilde.

Aída Figueroa tiene otra visión:

> No creo que se haya cansado ni aburrido. Alicia fue simplemente un rebrote de su pasión física. Matilde siempre decía que Pablo era un amante formidable, un hombre de gran sensualidad y muy sexual. Pienso que lo que ocurrió fue que tal vez Matilde ya no le producía esa atracción tan fuerte y ahora tenía por delante a una mujer joven, cercana a los 30 años y con el mismo cuerpo que había tenido Matilde. Redondita,

> lindos muslos, un buen busto. En esa época, Matilde había adelgazado mucho y claro, los años no pasan en vano.

Según Aída Figueroa, Alicia "se entregó a Pablo con todo el cuerpo y con toda el alma. Tenía una tendencia a la subordinación tremenda". Y el poeta le correspondió. "La quiso mucho y la separación brusca con Alicia le hizo mucho daño, le produjo una gran pena. Además, Matilde lo castigó mucho", recuerda Aída.

Pero por muy fuertes que fueran la pasión y la pena, a Neruda lo esperaban en París para asumir como embajador. Mientras viajaba rumbo a Francia, el poeta iba pensando cómo hacerle llegar mensajes furtivos a Alicia. Jorge Edwards, quien entonces era ministro consejero de la misión diplomática, le ayudó en la tarea. En *Adiós, Poeta* se refiere así a la situación:

> El Poeta se había enamorado en Chile, en vísperas de salir como embajador (…), había mordido una manzana juvenil, rozagante, bien formada y no pudo quedarse tranquilo (...) Apenas nos instalamos en París, me advirtió que yo recibiría unas cartas con mi nombre y con la dirección manuscritos en una caligrafía determinada, y que esas cartas eran para él... desde luego, y no para mí. Debería entregárselas con la máxima discreción. Las cartas empezaron a llegar con regularidad, a razón de una o dos por semana (…) Un día me dijo que le había enviado con unos amigos un paquete a mi hermana menor, Angélica, y me hizo saber que el envío tenía relación con esa historia secreta.

Otra anécdota entre Edwards y Neruda:

> Al día siguiente de la concesión del Premio Nobel, mientras Pablo acumulaba felicitaciones... recibí un cablegrama de Chile dirigido a mí, que me daba abrazos y besos apasionados por haber ganado el Nobel. Se lo entregué al Poeta con la reserva obligada, sin comentarios, él lo leyó, y se lo guardó en un bolsillo, sin decir una palabra.

Hernán Loyola asegura que Matilde estaba consciente de que podía perder esta batalla, por eso fue tan determinante en su reacción. "Sabía que el arma más peligrosa que tenía Alicia era su juventud. No era fea. El atractivo mayor eran sus curvas, lo que en chileno se dice 'entradita en carne'."

Volodia insiste en que el gran amor fue Matilde y perduró en el tiempo. Pero hay gente que se permite infidelidades y Neruda era uno de esos, de los que creían que la esposa era la catedral y las otras, las capillitas.

¿Usted cree que Matilde lo quiso mucho? Creo que sí. Era una mujer inteligente, aplomada, de carácter fuerte, que cuando conoció a Neruda ya la había dejado el tren. No se había casado y de repente se encontró con el príncipe que le pone el zapatito de oro. Así le cambió la vida. Ella jamás lo dejaría. Era buena compañera, buena amante, inmejorable como dueña de casa. Práctica y enérgica. En ese sentido, era mucho mejor que La Hormiga. Delia era maravillosa, una reina natural; pero el hombre necesitaba ese combustible que ella, a los 70 años, ya no le podía dar.

¿Cómo funcionaba Pablo en sus matrimonios? A Pablo le gustaba tener su cuartel general. Su hogar. Le gustaba la chimenea, la rica comida, la forma estética en que se servía la mesa. Era muy

burgués en ese sentido. Y Matilde era buena cocinera. A Pablo le gustaban los amorcitos porque le traían inspiración, pero nunca quería poner en peligro la estabilidad de su matrimonio. Pero ya lo hemos dicho. Con Alicia ocurrió lo mismo que en ocasiones anteriores. Matilde fue para Delia lo que Alicia fue para ella. Siempre una esposa fuerte y una amante que emerge misteriosamente.

Nadie sabe, excepto la propia Alicia, dónde, cómo ni cuándo se habrán encontrado por última vez, pero Inés Valenzuela asegura: "Me consta que él estuvo siempre preocupado de ella. Le compró una casa en Pedro de Valdivia Norte, pero esa mujer ha tenido una dignidad muy grande. Jamás ha querido vender una carta ni decir una palabra". Alicia escogió el anonimato y nadie ha encontrado la forma de hacerla cambiar de opinión.

Rafael Plaza (Rafita) fue testigo de la separación de Delia y Pablo. Vio la llegada de Matilde y también la de Alicia y su hija Rosario.

Pamela Fuentes Plaza, una nieta de Rafita que hoy trabaja en la casa-museo de Isla Negra, cuenta que Alicia llegó hasta allá sorpresivamente el verano del año anterior a nuestro encuentro. Visitó la casa en forma silenciosa y no habló con nadie. Tampoco se identificó. Tal vez quería recordar los tiempos en que tenía a Neruda a su lado. Después de su nostálgico recorrido, fue a casa de Rafita y ahí confidenció que había viajado a la "isla" para ver cómo estaba la casa. La encontró muy bien conservada.

Llegó acompañada de sus nietas mayores, unas mellizas rubias y bonitas. Hacía más de 30 años que Rafita no veía a Alicia, desde que salió abruptamente de la casa.

Rafita siente una gran lealtad hacia esta mujer, a quien asegura haber conocido mucho. No quiere dar detalles de esa conversación por respeto a su intimidad. Sí nos dijo que fue un gran amor para ambos, y piensa que Alicia aún lo sigue queriendo. Mal que mal, fueron cerca de siete años los que vivió en Isla Negra, cosiendo para Matilde y amando en secreto a Pablo.

Al entrevistarlo, Rafita saca a relucir con orgullo una foto de su segundo matrimonio con Yolanda Saldaño, en la que Pablo y Matilde ofician de padrinos. Junto a él están algunos otros invitados y, entre ellos, dos muy especiales: Alicia y Rosario. Ésta es tal vez la única foto que existe de la presencia del último amor del poeta y donde aparecen todos juntos en gran armonía. Alicia, como la recuerdan muchos, morena y quitada de bulla. Casi escondida en la foto. Su hija, bella y con más desplante, como dueña de una situación privilegiada. Usaba anteojos por su miopía.

Rafita dice que don Pablo nunca hablaba de sus amores, pero sí manifestaba gran cariño por esa niña. Riéndose, recuerda: "¿Sabe usted cómo la llamaban en el colegio...? Le decían la 'Paula Neruda'".

Grandes amigos del poeta como Teitelboim y Toral coinciden en que la niña le robó el corazón. "Esta separación fue muy triste para él —comenta Volodia—. No sólo quería a Alicia sino también a su hija Rosario. Se había encariñado mucho porque siempre le pesó no haber podido tener un hijo. Nunca hablaba de Malva Marina." Toral coincide: "La niñita era adorable, bien colorina y Pablo la quería mucho".

Luis Poirot, destacado fotógrafo y amigo de Neruda, lo retrató magistralmente en Isla Negra. Fue en el invierno del año 1969 cuando se instaló a captar con su lente los mejores momentos del vate. Una de las imágenes inolvidables fue registrada cuando, de sorpresa, se encontró con una niña de seis o siete años, Rosarito, en la "Covacha", lugar donde escribía el poeta. "Me llamó mucho la atención que ella entrara, porque cuando estaba concentrado ni a Matilde le permitía golpear la puerta. Pero esa pequeña —que lo tenía embobado— sí podía", cuenta Poirot desde Bélgica, donde hoy se desempeña como agregado cultural de Chile. "En esa oportunidad entró a mostrarle unos dibujos que Pablo halagó con entusiasmo. Era un abuelo querendón."

El retrato así lo transmite.

Neruda se había convertido en una papá-abuelo y era el gran protector artístico de Rosario. La motivaba en sus pinturas e incluso hizo poner uno de sus dibujos en la portada de una antología publicada por Editorial Nascimento.

Rosario hizo las veces de una verdadera hija. Tanta era la comunión entre ambos que hasta las bordadoras de Isla Negra tejieron un telar donde aparece Pablo junto a Matilde y Rosario tomada de la mano de su "padre adoptivo". El bordado se luce hasta hoy junto a otros en la sala del caballo en la casa-museo.

Florencia Rojas Canelo, de 42 años en la actualidad, era compañera de curso de Rosario en la escuela primaria de Isla Negra, y junto a Ana María Pupuya formaban un trío de amigas inseparables. Fueron años felices donde las tres compartieron y jugaron en los jardines de la casa de Pablo Neruda. "Nos íbamos en las tardes donde don Pablo y jugábamos en el bote que tenía mirando hacia el mar."

En esa época, las niñas no dimensionaban la importancia del poeta, por eso invadían la casa para jugar. No siempre lo veían porque, según cuenta Florencia, Neruda pasaba mucho tiempo encerrado. Matilde a veces las invitaba para ir de compras en su auto y así paseaban por los alrededores.

Todo esto fue entre primer y segundo año de Enseñanza Básica, cuando tenían seis y siete años de edad. "Rosario —dice Florencia— era muy regalona de don Pablo, él era como el papá que nunca tuvo. Era una niña alegre y extrovertida. No era para nada egoísta y como alumna, un poco mejor que yo."

Cuando le pregunté cómo recordaba a Alicia, dijo que era una señora muy sociable, buena moza y de pelo negro ondulado. "En la casa ella nos preparaba una ricas onces y lo pasábamos muy bien."

También recuerda un detalle importante: Alicia y Rosario no vivían exactamente en la casa grande de Isla Negra. "Ellas ocupaban una casita aparte, donde hoy se encuentra la exposición de caracolas en el museo". Y no ha olvidado cuál era el lugar favorito del grupo de amigas: "Había otro sitio donde jugábamos a escondernos, era en una cabaña pequeña que don Pablo mandó a construir para escribir mirando el mar".

Las niñas tuvieron una entrañable amistad —"los recuerdos no pueden ser más gratos", dice Florencia—, pero al cabo de un tiempo debieron separarse. "A mí me encantaba estar con Rosario porque era muy buena amiga. La eché mucho de menos cuando su mamá decidió cambiarla de colegio y la matriculó en El Tabo, porque encontraba que allá era mejor la enseñanza. Ahí dejé de verla y nunca más supe de ella."

Casualmente, Florencia siguió ligada a Neruda. Como administradora de la única panadería de Isla Negra, hoy es la encargada de proveer empanadas y pastelitos cuando la Fundación organiza algún evento en la casa-museo.

Paradero secreto

Nadie sabe realmente dónde está Alicia. Es un misterio difícil de descifrar. Muchas de las personas que la conocieron en Isla Negra tienen diversas versiones acerca de ella. Periodistas de distintos lugares la han buscado con insistencia. El escritor Enrique Lafourcade, después de publicar *Neruda en el país de las maravillas* fue al norte, donde se suponía encontraría a Alicia. Llegó hasta Arica para juntarse con ella. Allí le dijeron que se había trasladado a una casa en el Valle de Azapa. Logró dar con su paradero, pero cuando los dueños de casa divisaron a lo lejos que se trataba del mentado escritor, nadie abrió la puerta. La entrada se selló y Lafourcade volvió a Santiago sin poder conocer a la protagonista de esta historia.

En el centenario del nacimiento de Neruda, esta mujer fantasma cobra cada vez mayor relevancia. No hay estudioso ni investigador que no haya insistido en probar suerte.

No fui yo la excepción. Volodia Teitelboim me había dicho que se había encontrado con ella casualmente en una ceremonia que se hizo en la Biblioteca Nacional con motivo del 50º aniversario del *Canto General*. Conversaron muy al pasar. "Me preguntó por mi hija Marina y me contó que ella tiene una nieta con el mismo nombre. Fue tal mi sorpresa que en medio de mi estupor no le pregunté dónde vivía. Ni siquiera le pedí su teléfono. Sé que vive en Arica junto a su hija Rosario", dijo Volodia.

Partí a Arica sólo con la ilusión de dar con su paradero. Tenía como referencia una dirección en el centro de la ciudad. Correspondía a una casa vieja tapada completamente con un portón de madera y ubicada en la calle 18 de Septiembre. Sólo unas huellas en la arena demostraban que alguna persona vivía en su interior. Un rápido recorrido por el vecindario no dio más luces. Nadie sabía quién vivía ahí.

Por una llamada al diario *La Estrella*, de Arica, me enteré de que los periodistas Jorge Torrejón y Pedro Clemente también habían fracasado en sus intentos por ubicar a Alicia.

Estaba desaparecida.

Hasta que surgió una pista. Había que ubicar a un artesano, "especialista" autodidacta en Neruda, llamado Bellamín Silva. Afortunadamente me dijeron que todo el mundo lo conocía, lo que era cierto. Resultó ser todo un personaje que lleva 55 años de su vida dedicado al estudio de Neruda y la Mistral. Conoce su obra al dedillo. Recita poemas enteros. Su casa es casi un museo nerudiano. No hay colección o recorte de prensa que no tenga relación con su hobby literario. Por cierto, accedió a ayudarme, y junto a él di con la pista del marido de Rosario Campos Urrutia, la hija de Alicia. Es un arquitecto ariqueño. Dar con él fue, obviamente, muy complicado, porque ellos no quieren ser ubicados. El arquitecto no aparece en la guía telefónica.

A sugerencia de nuestro guía y experto nerudiano, llegamos a Azapa, a una casa donde había vivido la familia. Los nuevos moradores no abrieron la puerta. No pudimos obtener más información.

Para calmar mi desesperanza, Bellamín reflexionó: "Yo creo en la libertad del ser humano y Alicia decidió vivir en silencio. Por eso, la respeto. Ella es un fantasma en la vida de Neruda". Tiene razón. Y por eso es imposible ubicarla.

Juntando un dato con otro, hablando con numerosas personas, me iba acercando a Alicia. Bellamín, aparte de su compañía, aportaba algunos sabrosos comentarios: "Ninguna mujer se puede quejar de Neruda. Las amó a todas. La Maruca saca a Albertina. Matilde saca a Delia y Alicia saca a Matilde. Lo que pasa es que Neruda era un poeta enamorado del amor…".

Finalmente, después de muchos trámites que resultaría eterno describir, logré conseguir la dirección donde vivía el arquitecto, su señora Rosario Campos, sus tres hijas y la suegra, Alicia Urrutia.

Llegamos a la casa. Una reja alta con candado protegía la propiedad. Dos autos empolvados, en desuso, estaban en el jardín. Desde esa distancia se veía un lugar de trabajo. Mesa de dibujo, lápices, pero nadie alrededor. Ni un timbre para tocar.

Con la seguridad de que ahí vivía, comencé a gritar el nombre del dueño de casa una y otra vez. Al fin se abrió la puerta y apareció una linda mujer colorina y de ojos azules preguntando por qué tanto alboroto.

¿Tú eres Rosario? Sí, soy yo.

Parecía un sueño tenerla al frente. Su madre debía estar dentro. Rosario, la misma niña pelirroja que han descrito diversas personas que la conocieron en Isla Negra, hoy es una señora de unos 40 a 42 años. Tiene una tupida cabellera muy al estilo de Matilde Urrutia en su juventud. Parecida a la que lucía cuando la pintó Diego Rivera en México, retrato que aún está en La Chascona. La sangre Urrutia aparece fuertemente. Conversamos un largo rato y le explicamos nuestro proyecto. Nunca se molestó frente a nuestra presencia y éste fue el diálogo que sostuvimos frente a la puerta de su residencia.

¿Qué recuerdos tienes de Neruda durante tu infancia? Tengo los más gratos recuerdos.

¿Cuándo viste a Neruda por última vez? Cuando yo tenía 12 años.

Sabemos de tu inclinación por todo lo artístico, que de niña te gustaba mucho pintar y que Pablo alentaba esa faceta tuya. ¿Pintas todavía? La parte artística mía se la he transmitido a mis hijas. Las tres están estudiando música.

Se quedó en silencio, como tratando de terminar el diálogo y dice: "Ya he dicho demasiado".

Insistimos en conocer a Alicia. Sólo para saludarla. Ella simplemente contesta: "Mi madre no está aquí".

¿Cuándo podríamos verla un minuto? No está en Arica, y si estuviera, también la negaría.

¿No encuentras injusto que ahora, con motivo del centenario, tu madre no tenga el sitial que se merece junto a las musas que inspiraron al poeta? A ella no le interesa aparecer.

Pero cuando hay homenajes al poeta, como fue el caso de los 50 años del Canto General, *ella estaba ahí y se acercó a Volodia Teitelboim...* Eso fue una casualidad, porque estaba en ese momento en Santiago.

Aquí en Arica algunos escritores me comentaron que la habían visto en una ceremonia... Rosario sonríe suavemente y no responde.

Cuando tu madre se muera, se irá el último testigo de este gran amor de Neruda. Puede ser...

Tú dices que no está en Arica. ¿Está viviendo en Santiago? Sí.

El intenso sol del norte le molestaba en los ojos y se sentía incómoda, pero siempre fue gentil. Me ofreció el teléfono celular de su marido y me pidió todos mis datos para que su madre, Alicia, si así lo decidiera, se contactara con nosotros.

Sé que no lo hará.

Sin querer dar por terminada la conversación, insistimos en el lugar histórico de la musa, de Rosía en *La espada encendida.* Rosario responde con seguridad: "Nosotros separamos muy bien al poeta universal de la vida privada".

Intentando alargar el encuentro, le pregunté por sus hijas. Resultó más fácil ese camino, y me comentó: "Soy hija única y mi marido también. Era demasiado chica esta familia, así es que teníamos que agrandarla. Por eso tuvimos tres niñas".

¿Tú viviste casi toda tu niñez cerca de Neruda? Sí.

¿Ibas al colegio en Isla Negra? Eso también se sabe.

Pero no dice una palabra más. Nunca dejó de ofrecer una amable sonrisa y unos dulces ojos celestes que guardaban tranquilidad.

Tratamos de volver con la imaginación a Isla Negra en años previos a la designación del poeta como embajador en París. Esa misma mirada pacífica y un andar silencioso. Parecía como ver a Alicia transportándose por los rincones de Isla Negra. Siempre callada. Dispuesta a atender al hombre que admiraba, sin pedir nada a cambio. Quererlo así, tal como eran las circunstancias, reinventando el mundo.

Quizás el mar guardó muy bien su secreto. No hay dinero ni motivación que impulse a Alicia a salir de su silencio. Albertina Azócar hubiera hecho lo mismo, si no fuera porque le sacaron las 111 cartas de amor que guardó durante más de 50 años. Si Sergio Fernández Larraín no hubiera publicado el libro, seguramente Albertina habría muerto sin declarar nada. En su caso, las circunstancias fueron diferentes, y el destino quiso que el mundo conociera esa historia, la de una de las musas importantes de la juventud del poeta. Algo similar ocurrió con Teresa Vásquez. Pasaron los años y murió sin decir una palabra. Quemó todas las cartas y sólo dejó como testimonio de su amor con Pablo el "Álbum Terusa".

Ya que teníamos su teléfono, no dejamos Arica sin llamar al yerno de Alicia. Sin alterarse, nos dio toda clase de explicaciones. Alineado con su mujer, me dijo que, después de 20 años de matrimonio, están felices con las mellizas y que la mayor ya ingresó a la universidad. Confirmó que Alicia está con ellos, pero que sólo quiere vivir tranquila. "Mi suegra optó por no hacer pública su vida. Ella tiene una gran dignidad y eso es muy respetable. Ni por el centenario ni por nada pienso que cambiará de opinión. Su opción es el silencio."

Le pregunté si había conocido al padre de Rosario. "Nunca lo he visto. Sé muy poco de él porque mi suegra se separó apenas tuvo a su hija y él desapareció. Nadie habla de su existencia y tampoco sabemos qué hace ni dónde está."

¿Conoce usted una antología de Neruda cuya portada es un dibujo de Rosario que pintó cuando vivía en Isla Negra? Sí, tengo un ejemplar que compré en una librería de viejo. Rosario debe haber tenido en esa época unos nueve o diez años. Como le encantaba dibujar y Neruda alababa sus creaciones, eligió esa ilustración para la antología de Isla Negra. Se publicó alrededor del año 1970.

Se conoce que hubo cientos de cartas entre Alicia y Neruda. Lo que nadie sabe es si las tiene a buen resguardo, o si ha pensado en otro destino para el día de su muerte. Por ahora, todo parece indicar que se irá con su secreto a la tumba.

A pesar de no haber podido encontrarme cara a cara con Alicia, esta larga historia me hizo admirarla y respetarla. Ahora puedo concluir que está en su pleno derecho. Su silencio es otra demostración de su gran amor.

Epílogo

Salvador Allende salió victorioso en las elecciones presidenciales de 1970 y recién electo designó a Neruda como embajador en París. Se había cumplido el deseo de Matilde, quien quería interponer "un océano" para evitar los encuentros entre Alicia y su marido. También el poeta quería poner distancia para salvar su maltratado matrimonio, pero los aires del Sena no lograron hacer olvidar su historia de amor inconclusa con la sobrina de Matilde.

El escritor Jorge Edwards, quien lo recibió en París en su calidad de ministro consejero, se transformó en su amigo y confidente. Edwards comentó que Neruda, con gran entusiasmo, le comentó un día: "Mientras más viejo, más caliente me pongo". Y acto seguido, le propuso que alquilaran en París una *garçonniere* a medias, proyecto que entre dimes y diretes, nunca se concretó.

Los deberes de embajador tuvieron muy ocupado a Neruda; pero siempre estuvo atento a recibir unas discretas cartas enviadas por Alicia y que a él le llegaban gracias a la complicidad de Edwards.

Pablo y Matilde se instalaron en París en marzo de 1971, y a partir de esa fecha la correspondencia misteriosa comenzó a llegar con regularidad... "Una vez que cometí el error de entregarle una (carta) a otra persona, Pablo me lo reprochó seriamente", comentó el escritor y diplomático. La estrategia debía ser perfecta. Las cartas de Alicia eran un secreto de palacio.

El embajador llevaba apenas siete meses en París cuando el 21 de octubre una noticia recorrió el mundo. Pablo Neruda había recibido el Premio Nobel de Literatura y la embajada en París fue invadida por periodistas y personalidades que acudían a saludar al poeta *"chilien"*.

Cientos de tarjetas y telegramas de diversos países llegaban a la sede diplomática. Entre ellos, el mensaje secreto de Alicia.

Los regalos hacia Chile se hicieron frecuentes. El poeta entusiasmado le enviaba paquetes a su Rosía usando como mensajera a Angélica Edwards, hermana de Jorge. "No supe si Matilde llegó a sospechar que la historia descubierta por ella en Chile se prolongaba a la distancia. Pablo hacía planes más o menos misteriosos para traer a su amiga a París", relata el autor en *Adiós, Poeta.*

Volodia Teitelboim, amigo y biógrafo de Neruda, también confirmó sus atenciones hacia Alicia. "Desde Francia enviaría, con viajeros amigos, misteriosas maletas colmadas de presentes de Rodho para comunicarle a una Rosía expulsada del Paraíso que en París se sentía solitario."

Mientras el mundo lo felicitaba por ser el tercer latinoamericano que recibía el Nobel de Literatura, Matilde se preparaba para el gran día de la entrega del premio en Suecia. El estricto protocolo incluía, amén de discursos y ceremonia oficial, un vals en la fiesta de celebración. Eso era un problema para Pablo. Alguien tenía que enseñarle los pasos que nunca antes había dado. El poeta pidió a Mercedes Latorre, esposa de su amigo Manuel Solimano, que practicara con él. Al parecer, el alumno no era muy aventajado ya que a Solimano le reconoció que "bailaba el vals con la misma gracia que una locomotora".

Matilde recuerda en sus memorias que "cuando estaba vistiéndose para la ceremonia en la que recibiría el Premio Nobel, (Pablo) se miraba las colas del frac y, riendo, decía: 'Siento la misma sensación que cuando me disfrazo en Isla Negra. Si pudiera pintarme mis bigotitos, todo sería perfecto'".

Después de las luces del premio y de la alegría de compartirlo, comenzaron nuevamente las molestias de su enfermedad. En una oportunidad tuvo un serio sangramiento por la uretra, lo que significó nuevos cuidados médicos. Pablo tendría que regresar a Chile, mientras Matilde debía abandonar los deberes de "embajadora" para dedicarse a cuidarlo.

Volodia Teitelboim decidió viajar a París a reunirse con su amigo premiado cuando se encontró con la dura noticia. Matilde lo invitó a tomar un café y le dio el diagnóstico: "Pablo tiene cáncer. Los médicos dicen que (...) puede durar varios años, siempre que no suceda algún accidente fatal". Volodia le preguntó: "¿Y no sospecha nada?". Matilde respondió que no lo sabía y que tampoco podía preguntárselo.

En agosto Matilde partió con Pablo a descansar unos días a La Manquel, la casa que había comprado con el dinero del premio Nobel y que estaba en la Normandía francesa. Estaba en reposo y convaleciente de su mal. Había cancelado todas las invitaciones internacionales. "La verdad —le comentó a Volodia— es que no me da el cuerpo para traqueteos." Planeó con Matilde regresar a Chile en barco y llegar a mediados de noviembre de 1972 a Buenos Aires, pero ese plan fracasó porque su médico prefirió que viajara en avión por si se presentaba alguna complicación.

Efectivamente, en octubre de ese año una nueva operación lo obligó a cambiar su fecha de regreso a Chile para diciembre. Cuando los periodistas lo interrogaron a su llegada, él dijo con humor que tenía gota, "una enfermedad propia de los nobles ingleses", y se trasladó inmediatamente a Isla Negra.

Ese año nuevo en La Sebastiana Pablo no se sentía bien; ni siquiera tomó su trago preferido, "el coquetelón", y se retiró temprano. Ya no volvería a ser el mismo. El propio doctor Francisco Velasco, su amigo y copropietario de La Sebastiana, lo vio mal. Muchas veces lo acompañó con Matilde a hacerse las radiaciones de cobalto que eran, supuestamente, para "arreglarle un reumatismo que tenía en su cadera". Según Matilde, Pablo nunca sospechó su verdadera enfermedad. Según el doctor Velasco, Pablo supo disimular muy bien.

Margarita Aguirre opinó algo similar en la revista "Buen Domingo" de *La Tercera*: "Nunca comentó su mal, pero era demasiado inteligente, había vivido mucho para no darse cuenta de que lo que él tenía era un cáncer. *La rosa separada* y *Jardín de invierno*, son libros de un gran amador de la vida que siente que se está muriendo".

En mayo, Neruda estaba en Isla Negra y Matilde en Francia, tramitando la venta de La Manquel y el traslado de los objetos que había en ella. Ya había comenzado la construcción de una nueva casa en el sector de Lo Curro —que llamaban "la Manquel chilena". Allí el poeta podría moverse sin las incomodidades que, debido a su estado de salud, le causaba La Chascona y sus múltiples escaleras. El texto transcrito a continuación pertenece a una carta hasta ahora inédita que fue facilitada por la Fundación Neruda. En ella el poeta, ya muy enfermo, se muestra optimista y cariñoso con Matilde. Está fechada el 7 de mayo de 1973 y dice:

> La Panda [era la perra que tenía el poeta en Isla Negra] viene todas las noches a acompañarme y se va de día. Aquí hacen unos días espléndidos, a todo mar. Yo ando mucho mejor, pero con mucha flojera de levantarme. Sólo mi Patoja me haría vivir de nuevo, ya llegará, pero es indispensable arregle bien las cosas. Hasta el 15 es muy poco para ver la casa. Ud. es demasiado inteligente para que yo la aconseje por larga distancia. "La Manquel" chilena progresa. Veré lo del living. Esa sensación que Ud. tuvo al entrar a la Manquel francesa, la tuve yo desde siempre. No hay más belleza que el espacio...

El 12 de julio Volodia Teitelboim fue a saludarlo con motivo de su cumpleaños número 69. En su libro *Neruda* afirma: "En esa misma fecha, en años anteriores, la casa ardía en las fiestas más alegres. Nunca faltaban los disfraces. Ahora todo es el reverso. El organizador del jaleo está en cama".

Cuando Gonzalo Losada hijo, su editor, lo visitó, Matilde le entregó varios originales. Eran ocho libros inéditos que Neruda le pidió fueran publicados para el año próximo, cuando cumpliera sus setenta años. Volodia contó que Pablo le dijo: "Son regalos que yo me hago...".

Se trataba de *La rosa separada*, *Jardín de invierno*, *2000*, *El corazón amarillo*, *Libro de las preguntas*, *Elegía*, *El mar y las campanas* y *Defectos escogidos*.

Nadie imaginó en ese momento que faltaban sólo dos meses para su muerte. La sorpresa mayor fue para Matilde, quien vivió los días más angustiosos entre el 11 de septiembre de 1973, día del golpe militar y el 23 del mismo mes, día del fallecimiento de Pablo. Doce jornadas cargadas de miedo por la situación política del país y mucho dolor por la repentina gravedad del poeta.

Ese 18 de Septiembre fue triste. Pablo estaba en un estado febril. Matilde, inquieta, intentó comunicarse con su médico en Santiago, pues el doctor Velasco había sido apresado el día 13. "Después de muchas tentativas lo encontré (…) Me prometió mandar al día siguiente una ambulancia para trasladar a Pablo a la Clínica Santa María", relató Matilde en sus memorias.

Pablo reflejaba en su rostro una tremenda tristeza. Cuando llegó la ambulancia partieron cabizbajos rumbo a Santiago. Matilde hacía esfuerzos imposibles por distraerlo, pero al llegar a Melipilla se encontraron con muchos carabineros. Los detuvieron. Le pidieron documentos al chofer y comenzaron las preguntas: ¿De dónde vienen? ¿Para dónde van?

Intentaron registrar la ambulancia, pero no lo hicieron. Llegaron a la Clínica Santa María, donde se encontraron con el personal médico muy alterado por los problemas que se vivían en esos momentos.

"Pronto llegaron nuestros amigos. Los recibí pidiéndoles que no dieran noticias alarmantes a Pablo; por ellos supe que nuestra casa de Santiago había sido inundada, saqueada e incendiada", contó Matilde en sus memorias.

El Presidente de México, al enterarse de la gravedad de la situación política de Chile, instruyó a su embajador para sacar a Neruda del país. Le ofreció enviarle un avión para que se trasladara con todas sus pertenencias. Pablo no quiso hablar de la idea. Dijo: "Yo no me iré de Chile, yo aquí correré mi suerte…".

Al día siguiente, varias personas intentaron convencerlo de que se fuera del país. Matilde le informó de la destrucción de La Chascona y hablaron de que tal vez en el extranjero podrían encontrar un tratamiento adecuado para su enfermedad. Lo convenció finalmente y Matilde partió a Isla Negra a buscar ropa y unos libros que Pablo le había encargado. Estaba preparando maletas cuando un telefonazo de la clínica la dejó paralizada: "Era Pablo. Me pedía que regresara inmediatamente: 'No puedo hablar más', me dijo. Yo creí que había pasado lo peor...", relató Matilde en *Mi vida junto a Pablo*.

Al llegar a la clínica, el poeta le dijo: "Están matando gente, entregan cadáveres despedazados. La morgue está llena de muertos". Para calmarlo, Matilde le contestó que era muy exagerado todo lo que le habían contado. "¿Cómo? —me dice—, si estaban aquí el embajador de México y el de Suecia. ¿Cree usted que ellos no están informados?" Matilde replicó, intentando mostrarse indiferente: "De todas maneras, yo no creo en todo eso". Luego quiso distraerlo contándole de la casa, hablándole del mar, y poco a poco su ánimo cambió. Comenzó a recordar momentos felices e inolvidables como la luna de miel en Capri. "Recordamos ese 3 de mayo de 1952, cuando nos casamos a la luz de la luna. (...) Ése fue nuestro verdadero casamiento, allí juramos que, pasara lo que pasara en nuestras vidas, nunca nos separaríamos. Y con voz muy suave, pero firme, me dijo que no se iría de Chile..."

Más tarde, un estado febril lo alteró. Tomó su pijama y se lo desgarró gritando: "¡Los están fusilando! ¡Los están fusilando!". Matilde llamó desesperada a las enfermeras. La de turno le dijo que le pondría algo para dormir. Le colocó la inyección y se fue.

El efecto del calmante lo hizo dormir y no despertó en toda la noche. Matilde nos relató que puso una silla a su lado y se durmió.

Preocupada, le pidió a Laura, la hermana de Pablo, que se quedara con ella esa noche. También lo hizo su amiga Teresa Hamel. Más tarde aseguró: "No pensé ni por un momento que Pablo se moriría".

Ese domingo 23 de septiembre tres tristes mujeres acompañaban al poeta: Matilde, Laurita y Teresa. En la habitación contigua, Homero Arce continuaba transcribiendo las memorias del poeta. Su mujer, Laurita Arrué, se había ido temprano a su casa.

"De ese sueño ya no despertó. En la noche, como a las diez y media, hizo unas cosas extrañas. Algo así como unos estertores, y pasó de ese sueño a la muerte de los justos. No sufrió dolores ni nada —nos comentó Matilde—. Su corazón ya estaba por estallar… fue una linda muerte."

El periodista Luis Alberto Mansilla no sabía dónde estaban velando a Neruda. Lo único que pensó fue ir a casa de Homero Arce para averiguar qué pasaba. Al no encontrarlo, conversó con Laurita Arrué. Sollozando, ella le contó que Homero había estado con Pablo hasta el final. En el libro de Sergio Villegas *Funeral vigilado*, Mansilla contó que "lo último que le había escuchado era una frase que Pablo decía en medio del delirio: 'Los están matando… Los están asesinando…'. La esposa de Arce se lamentó: 'Qué terrible que se haya muerto cuando más falta nos hacía'".

Matilde se aferró a Pablo. Lo abrazaba sin querer desprenderse de él.

> Laura llora —dice en sus memorias—. Yo estoy como petrificada, no puedo llorar. De pronto oigo la voz de Teresa Hamel: "Hay que vestirlo" —me dice—… Busco una camisa. Encuentro una a cuadros, es alegre, a él le gustaría. Su chaqueta también tiene unos cuadros

> grandes entre café, beige y rojo. Todo esto pasaba a una velocidad increíble (...) Yo le digo a Teruca: "Comunícate con algunos amigos y diles que hay que buscar un ataúd de color claro. A Pablo no le gustaban los ataúdes negros".

Él le había comentado en alguna oportunidad: "Qué horribles son los ataúdes negros. ¿Por qué no son alegres, de colores claros y hasta con florcitas pintadas en las tapas?".

Llegó Laura y se sentó al lado de Matilde. Más tarde apareció Teresa Hamel. Ninguna de las tres hablaba, hasta que llegó el ataúd encargado por Teresa. Era de color gris.

Matilde quiso velarlo en su casa, en La Chascona, a pesar de estar allanada e inundada. Su funeral estuvo permanentemente vigilado. Militares con metralletas iban cercando el camino al cementerio. El pueblo gritaba: "Pablo Neruda, presente, ahora y siempre".

Fue enterrado en la tumba de la familia Dittborn, pero no pasaron seis meses desde su muerte cuando Matilde recibió una carta de Marta y Elena Dittborn, donde le decían que debía sacar de inmediato el cuerpo de Neruda de esa tumba: "Mucho le agradeceríamos que después de seis largos meses, en que los restos de su marido se encuentran en la cripta de nuestros padres, los retirara a la brevedad posible. Ya que precisamos de ella para proceder a algunos cambios", decía la misiva.

Indignada, Matilde preparó el traslado del cuerpo. Compró un nicho común y corriente y en el Nódulo México lo enterró el 7 de mayo de 1974. Ése fue su segundo entierro. El tercero y definitivo sería 18 años más tarde, el 12 de diciembre de 1992, durante el gobierno de Patricio Aylwin. Al fin descansaría en el lugar señalado por él:

Compañeros, enterradme en Isla Negra,
frente al mar que conozco, a cada área rugosa
de piedras y de olas que mis ojos perdidos
no volverán a ver.

(De "Disposiciones", en *Canto General*)

Matilde no estuvo presente en este último viaje de Pablo a Isla Negra. El cáncer al estómago la había minado y dejó de existir el 5 de enero de 1985; pero antes de partir había dejado preparado su legado como activa viuda del poeta. Publicó el libro de memorias de Pablo, *Confieso que he vivido*, que editó en Venezuela con Miguel Otero Silva, y ocho libros póstumos que Neruda había dejado listos, como dijimos, para celebrar sus 70 años. También recopiló artículos en prosa publicadas por el diario *La Nación* y enviados desde Oriente entre los años 1927 y 1932. A eso agregó una serie de publicaciones que dio a conocer la revista *Ercilla* con el título de "Reflexiones de Isla Negra". Así nació el libro *Para nacer he nacido*.

Su misión estaba cumplida.

Estando enferma se afanó en escribir sus propias memorias, *Mi vida junto a Pablo*, no sin antes haber dejado establecidas las bases de la Fundación Neruda, proyecto con el que soñó el poeta y ella concretó junto a su amigo, el abogado Juan Agustín Figueroa.

Sus restos, junto a los de Pablo, fueron sepultados en el jardín de la casa-museo de Isla Negra, frente al mar que tanto amaron.

Hora de dar las gracias

A Darío Oses, por su permanente apoyo y paciencia infinita, por orientarme y entregar sin reticencias su experiencia de escritor.

A los amigos y estudiosos del poeta que colaboraron con sus recuerdos de tantas historias vividas junto a él, y que nunca pusieron límites a mi agotadora insistencia: Aída Figueroa, Juan Agustín Figueroa, Hernán Loyola, Bernardo Reyes, Inés Valenzuela, Volodia Teitelboim, Jorge Edwards, Eulogio Suárez, Mario Toral, María Eugenia Zamudio, María Martner, Francisco Velasco, Sara Vial.

A Loreto Novoa, por su permanente ayuda, y a Paula Olmedo, porque con su mente lúcida me ayudó a ordenar la enorme cantidad de datos incluidos en esta investigación.

Y a Delia del Carril, Albertina Azócar y Matilde Urrutia, porque en el pasado dejaron en mí la semilla de este libro.